共和国青海记忆丛书

慕生忠与青藏公路

mushengzhong yu qingzang gonglu

戴 燕 著

青海人民出版社

图书在版编目（CIP）数据

慕生忠与青藏公路 / 戴燕著 . -- 西宁：青海人民出版社，2021.8（2023.12 重印）
（共和国青海记忆丛书）
ISBN 978-7-225-06203-7

Ⅰ.①慕… Ⅱ.①戴… Ⅲ.①慕生忠—传记 Ⅳ.① K825.2

中国版本图书馆 CIP 数据核字（2021）第 181003 号

共和国青海记忆丛书

慕生忠与青藏公路

戴燕 著

出 版 人	樊原成
出版发行	青海人民出版社有限责任公司
	西宁市五四西路 71 号 邮政编码：810023 电话：（0971）6143426（总编室）
发行热线	（0971）6143516/6137730
网　　址	http://www.qhrmcbs.com
印　　刷	青海西宁西盛印务有限责任公司
经　　销	新华书店
开　　本	890mm×1240mm　1/32
印　　张	7.25
字　　数	160 千
版　　次	2022 年 2 月第 1 版　2023 年 12 月第 2 次印刷
书　　号	ISBN 978-7-225-06203-7
定　　价	35.00 元

版权所有　侵权必究

慕生忠将军（1910～1994）

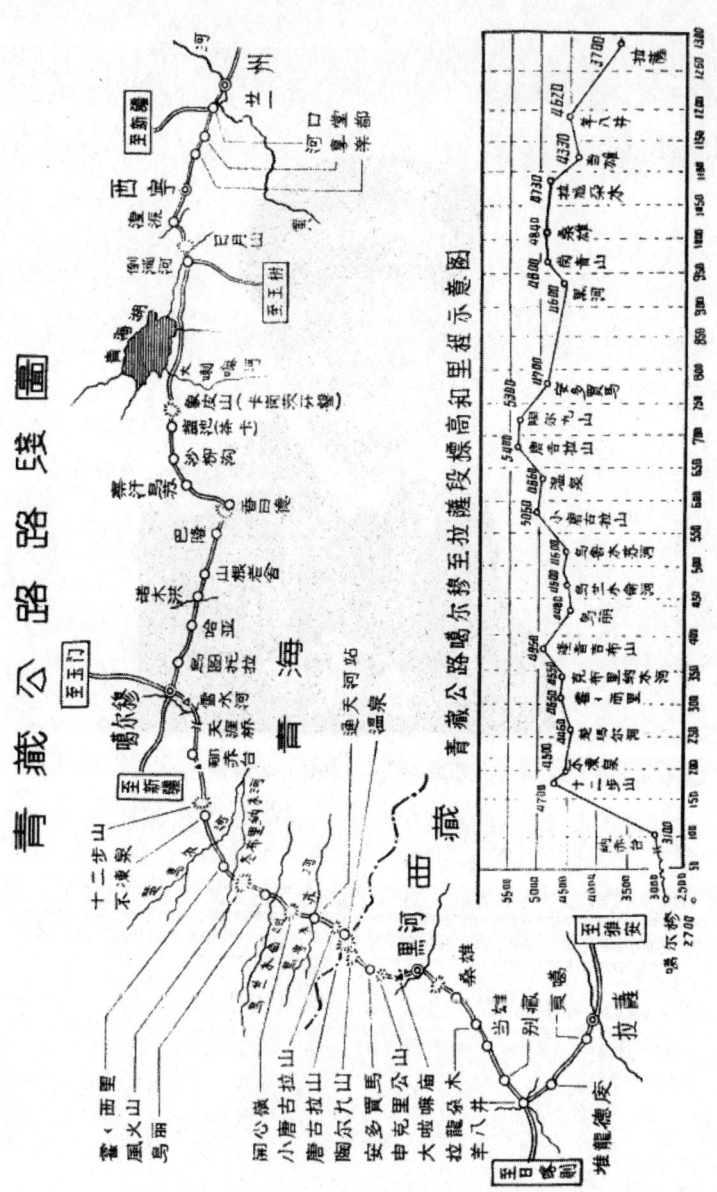

目 录
MULU

第一章　进藏之路 ◇ 1
　一、西藏和平解放 ◇ 2
　二、西北西藏工委 ◇ 8
　三、十八军独立支队进藏 ◇ 12

第二章　粮食危机 ◇ 19
　一、部队告急 ◇ 19
　二、慕生忠与运粮驼队 ◇ 24
　三、这里就是格尔木 ◇ 31
　四、"我要修一条能走汽车的路" ◇ 37

第三章　筑路决心 ◇ 41
　一、勘察线路 ◇ 42
　二、国所需　己所为 ◇ 47

三、请命修路◇56

第四章　唐蕃古道筑路人◇60

　　一、特殊工程队◇60

　　二、二十七亩菜园◇63

　　三、"为祖国干一件好事"◇67

第五章　问道昆仑◇70

　　一、艾吉沟与爱己沟◇71

　　二、工程师邓郁清◇78

　　三、"天涯桥"上生死之交◇84

　　四、跨"十二步山"　涉楚玛尔河◇92

第六章　穿越可可西里◇99

　　一、勇闯生命禁区◇99

　　二、翻越风火山◇107

　　三、征服沱沱河◇111

　　四、绕过"开心岭"◇115

第七章　天堑变通途◇119

　　一、战胜唐古拉◇119

　　二、会师桃儿久◇131

　　三、劈开石峡进拉萨◇134

第八章　献礼共和国◇138

　　一、汽车开进拉萨◇138

　　二、青藏线上战友情◇148

第九章　建设格尔木◇160

　　一、望柳庄◇160

　　二、将军楼◇163

　　三、青藏铁路之梦◇169

第十章　生命天路◇174

　　一、统一之路：西藏是祖国不可分割的

　　　　一部分◇174

　　二、团结之路：为藏家儿女带来安康◇184

　　三、发展之路：把党的温暖送到边疆◇192

第十一章　开路精神◇202

　　一、忠于信念，执着坚忍的实干精神◇204

　　二、顽强拼搏，甘当路石的奉献精神◇205

　　三、一不怕苦，二不怕死的奋斗精神◇207

　　四、开路精神的当代价值◇208

参考文献◇211

后记◇221

第一章　进藏之路

"西藏民族是中国境内具有悠久历史的民族之一，与其他许多民族一样，在伟大祖国的创造与发展过程中，尽了自己的光荣的责任。"1951年5月23日，《中央人民政府和西藏地方政府关于和平解放西藏办法的协议》的签订，标志着西藏实现和平解放。

解放军进驻西藏，是中华人民共和国成立后一次伟大的战略行动，对于驱逐西藏的帝国主义侵略势力，维护祖国领土的统一完整，解放长期生活在残酷农奴制下的西藏人民，具有历史性的意义。

特别能战斗、特别能吃苦的十八军，承担了这一光荣而艰巨的任务，而十八军独立支队北线进藏，开启了慕生忠与青藏公路的不解之缘……

一、西藏和平解放

正如九世班禅额尔德尼所说："原西藏立于中国，自汉唐以还，关系日深。"元朝时期，西藏正式纳入中央政府管辖，明、清中央政府更是对西藏进行了有效治理。这一时间和过程虽然漫长，但却经历了质的飞跃，使藏民族成为整个中华民族的一部分。

1911年辛亥革命后，中华民国建立，之后政府更替，引发边疆危机。1912年，中华民国第一部宪法——《中华民国临时约法》明确规定中央对西藏的主权，宣布"西藏是中华民国领土的一部分"，孙中山在《临时大总统宣言书》中提出"合汉、满、蒙、回、藏诸族为一人"，实行五族共和。同年7月，民国政府设蒙藏事务局。1929年，蒋介石南京国民政府设立蒙藏委员会，管理蒙藏事务。1940年，国民政府在拉萨设蒙藏委员会驻藏办事处，作为中央政府在西藏地方的常设机构。这一切表明中华民国政府以国家根本大法的形式确保中央政府对西藏地方的管辖权和治理权，并以此为依据来处理与西藏地方攸关的各种国际关系。由此可见，虽然民国期间军阀混战，内乱频仍，国家羸弱，但中央政府仍然尽可能通过对西藏的直接管辖维护了国家主权和领土完整。

1949年10月，新中国成立后，解决西藏问题已迫在眉睫。

其实，早在1949年2月，毛泽东在西柏坡与苏联特使米高扬谈话时就说过，西藏问题也不难解决，只是不能太快，不能过于鲁莽，因为交通困难，大军不便行动，给养供应麻烦较多。还有民族问题，尤其是受宗教控制的地区，解决它更需要时间，需要稳步前进，不应操之过急。9月26日，人民解放军总司令朱德在中国人民政治协商会议上做出三项庄严的保证，其中第一项就是把解放西藏作为完成中国统一大业的一个方面。

这时的西藏，地方势力在相互较量，国际反动势力趁机拉拢西藏上层。西藏地方政府噶厦中的少数亲帝分子与印度驻拉萨总领事理查逊暗中勾结，想乘人民解放军尚未抵藏之时，把西藏"独立分化"出去。根据西藏的历史和严峻的现实情况，中共中央决定采取和平解放的方针。一方面，中央人民政府多次通知西藏地方政府派代表来北京商谈和平解放西藏事宜；另一方面，毛泽东积极推进和部署和平解放西藏的时间和具体步骤。

1949年11月23日，毛泽东致电时任第一野战军司令员兼政治委员的彭德怀，就解决西藏问题提出建议：西藏问题解决应争取于明年秋季或冬季完成之。就现在情况来看，应责成西北局担负主要的责任，西南局则担负第二位的责任。因为西北结束战争较西南为早，由青海去西藏的道路据有些人说平坦好走，班禅及其一群又在青海。解决西藏问题不出兵是不可能的，出兵当然不只是西北一路，还要有西南一路。……打西藏大概需要三个军，如何分配和何人指挥现在还难决定。但西北局现在即应于藏民干部准备问题及其他现在即应注意之问题做出计划……

毛泽东的电文传递了这样几个信息：第一，进军西藏的时间；第二，进军西藏的线路；第三，进军西藏的部队。同时指示当下就要进行进藏的准备工作。

在给彭德怀发出电文不久，即1949年12月6日，毛泽东乘专列离开北京前往苏联访问，这也是毛泽东第一次出国。此次访苏的目的，主要是同斯大林就中苏两国间重大的政治、经济问题进行商谈，重点是处理1945年国民党政府同苏联政府签订的《中苏友好同盟条约》。在去往莫斯科的列车上，毛泽东紧锁着眉头，西藏问题一直萦绕在他的心头。望着车窗外一望无边的皑皑白雪，毛泽东沉思片刻，提起笔来，给中央写了一封信："为不失时机地解放西藏，打击帝国主义侵略扩张野心，促使西藏向内向转化，进军西藏宜早不宜迟，越早越有利，否则，夜长梦多。"伴随着隆隆的车轮声，毛泽东下定决心，要迅速解决西藏问题。

彭德怀收到毛泽东的电报，心情也很焦虑，背着手在房间里来回走动。他派联络部长范明等人，对西藏自然、地理、交通条件和历史进行了解、调查和分析后，认为从西北进藏困难太大。考虑再三，彭德怀在12月30日据实禀告：……从于田、和田翻越昆仑山至西藏边境里河田盐湖需行十七天，纯小路，骡马不能通行，人烟稀少，其中有七天无人烟；据闻由里河田盐湖至拉萨，骑行需四十天，一说需两月。从南疆入藏甚为困难，（飞机）飞越昆仑山亦需特种装置。另由喀什噶尔经浦犁、帕米尔高原东腹道驼马可行，唯须经印度境内，东行入藏。此路好走，但因政治限制，故不可能。……如入藏任务归西北，须在和田、于田、玉树屯垦屯粮，修筑道路，完成入藏准备，需要两年……

还在苏联访问的毛泽东接到彭德怀的电报，当即从莫斯科致电中共中央和彭德怀并转邓小平、刘伯承、贺龙："由青海及新疆向西藏进军，既有很大困难，则向西藏进军及经营西藏的任务应确定由西南局担负。""西藏人口虽然不多，但国际地位极重要……既然由西北入藏每年只有五月中旬至九月中旬共四个月时间可以通行，其余八个月大雪封路……而如果今年五月中旬至九月中旬不向西藏进军,则须推迟至一九五一年才能进军。我意如果没有不可克服的困难,应当争取于今年五月中旬开始向西藏进军……请刘邓贺三同志于最近期内(例如一月中旬)会商一次,决定入藏的部队及领导经营西藏的负责干部等项问题,并立即开始布置一切……准备5月中旬开始入藏"。"进军及经营西藏是我党光荣而艰苦的任务。"

拟好电文,已是凌晨,毛泽东如释重负地出了一口长气,交代秘书火速将电报发回国内。

从这条电文可以看出,毛泽东将进军西藏的任务交给了刘伯承、邓小平、贺龙领导的第二野战军的西南局,提出了进藏的具体时间,并且将进藏人选,即"决定入藏的部队及领导经营西藏的负责干部等项问题"作为一个关键问题提了出来。

1950年1月,中央政府正式通知西藏地方当局"派出代表到北京谈判西藏和平解放"事宜。当时控制西藏地方政府的摄政大扎·阿旺松绕等人,在某些外国势力的支持下,在西藏东部昌都一线调集藏军主力,布兵设防,企图以武力对抗。

面对复杂形势,中共中央决定采取军事进攻与政治争取相结合的方针。一面制定驱逐帝国主义势力、实行民族区域自治、维持西藏现行制度、尊重藏族宗教信仰、人民解放军进驻西藏等10项政策规定,作为和平解放西藏的基本条件,与西藏地方当局谈判;一面命令人民解放军着手进军准备。

的确,由哪支部队担任进藏任务?由谁带领?在几经考虑之后,刘伯承、邓小平不约而同地想到一个人,这就是十八军军长张国华。

此时,张国华正带领他的部队进驻川南地方,大批干部已被派往川南各地担任县市领导,张国华将就任川南行署主任,政委谭冠三将去自贡任市委书记。1950年1月5日,传来了刘邓首长的电令:十八军就地待命,张军长及各师主要领导干部速来重庆。张国华接到电报立即意识到:任务有变。

张国华和政委谭冠三立即起身前往重庆,途中,二人琢磨,紧急电令,一定有重要任务。他们猜测十有八九是进西藏。

见到张国华,刘邓两位首长就把毛泽东要求二野进军西藏的计划讲给他,并告诉张国华可以在二野所有部队中挑选3个主力师,组成3万人的一个进藏部队。

刘伯承见张国华不言语,便问道:"你的意见如何?"

张国华低头深思,片刻,仰起头来,目光坚定地说:"我带十八军担负进藏任务。"

邓小平关切地问张国华:"你觉得有没有把握?"

"问题不大。"

刘伯承与邓小平目光对视了一下,然后转向张国华,信任地点了点头,坚定地说道:"就这样定了。我们马上报告中央。你还有什么困难吗?"

"目前还没有想到。"

刘伯承叮嘱他:"有困难要说话,全二野都会支援你们。"

送走张国华,刘伯承邓小平马上给毛泽东发电,决定以十八军担当进藏主力,并建议"由康、滇、青、新四省多路向心进军"。毛泽东立即复电:完全同意刘邓的进军西藏计划。

经过缜密分析,中共中央作出决定:以西南军区张国华、谭冠三带领十八军作为主力部队,从南线昌都经丁青、沙丁、桑达本贡、墨竹工卡向拉萨进军,同时,西北军区配合两支骑兵,分别从青海和新疆进军西藏。范明、慕生忠带领十八军独立支队从青海西宁出发，走北线经香日德、通天河、唐古拉、那曲，进入拉萨。

1950年10月6日，在西藏地方当局拒绝和谈并以武力对抗的形势下，遵照党中央指示，西南军区向十八军下达昌都战役命令。于是，人民解放军渡过金沙江，并于24日取得昌都战役的胜利，解放昌都，打开了和平解放西藏的大门。昌都解放后，中央政府再次敦促西藏地方政府派代表来北京谈判。以阿沛·阿旺晋美为代表的爱国上层人士力主和谈，提前亲政的第十四世达赖喇嘛·丹增嘉措接受了和平谈判的建议。

1951年4月，西藏地方噶厦政府派阿沛·阿旺晋美为首席代表到北京谈判。5月23日，中央人民政府和西藏地方政府的代表就西藏和平解放的一系列问题达成协议，签订了《中央人民政府和西藏地方政府关于和平解放西藏办法的协议》(简称"十七条协议")，西藏和平解放。

1951年7月25日，十八军先遣支队由王其梅率领从昌都出发，途经边坝向拉萨进军。历经40多天，9月7日渡过拉萨河，进入拉萨东郊。中央驻藏代表张经武派乐于泓前来迎接。

1951年8月21日，十八军正式发出向拉萨等地进军的命令。28日，张国华、谭冠三、李觉、刘振国率领指挥部、西藏工委机关、入藏地方干部及军直各分队共2500余人，由昌都出发，取道"小北路"，经丁青、沙丁、桑达本贡、墨竹工卡向拉萨进军。10月19日，十八军军部、西藏工委机关到达墨竹工卡，进入拉萨河谷地带。10月21日，到达德庆，与先期到达的154团会合。10月24日，十八军和工委机关等部队乘牛皮船渡过拉萨河，进驻拉萨市东郊。

1951年10月26日，这是西藏历史上一个庄严、伟大的时刻，它翻开西藏历史上光辉灿烂的一页。蓝天白云下，拉萨数万僧俗群众，手捧洁白的哈达，载歌载舞，夹道迎接解放军入城。

1951年进军西藏前的动员大会

之后，十八军遵照中共中央、西南军区的指示，各部队实行战略展开，155团一营于1951年秋进军则拉宗，1952年1月1日进驻山南隆子宗；154团除三营留驻拉萨负责警卫任务外，其余两营分别于11月15日进驻江孜、日喀则。1952年7月，154团进驻亚东。至此，十八军胜利完成和平进军西藏的历史任务。

二、西北西藏工委

1950年1月，中共中央发出以西南局为主、在西北局协助下，担负向西藏进军及经营西藏的任务后，建立党的西藏工作领导机构，势在必行。由此，西南局首先成立了"西藏工作委员会"，简称"西藏工委",作为中国共产党在西藏的领导机关。与此同时,中央也做出了西北进藏的决定,其主要内容,一是以西北军区联络部为基础组建西北西藏工委,人员配备从西北军区和陕、甘、青、宁、晋、沪等地以及中央直属单位调配干部;二是关于武装配备等具体问题。

1951年2月13日,中央军委根据周恩来、李维汉等人的意见,发出《关于西北方面参加解放西藏的准备工作的通知》,其中,确定西北入藏工委人数1500人(包括警卫部队在内),6月7日,西北局组织部下发《关于西藏工委组成及主要干部配备的通知》,通知指出,西北局决定"由范明、慕生忠、牙含章、白云峰等四同志组成西藏工作委员会,并由范明同志任书记"。至此,西北西藏工委正式在兰州组建完成。

西北进藏经费开支由中央人民政府财政部提供,除了直接从中央财政部提取459亿元(旧币)以外,西北军政委员会代中央垫拨500亿元(旧币),作为西北地区筹备入藏的经费。时任西北局财委书记的贾拓夫表示,西北人民勒紧腰带,也要拿出这笔数额巨大的经费用于进藏部队。

根据中央指示,西北入藏部队对外使用第十八军独立支队的番号。十八军独立支队入藏队伍中除部队指战员外,还有中央派出的医疗队、摄影队、农业队、工业队、建筑队和各省抽调的年轻优秀干部,另外还吸收了大批从兰州大学、西北师范学院、兰州畜牧兽医学院、中国人民革命大学、西北民院、兰州中学、兰州女中、兰州女师等100多个单位招来的670多名学生,其中有党员200多人、团员300多人。

当西南局以张国华、谭冠三领导的第十八军从西南方向向西藏进军时，范明、慕生忠带领着这支特殊队伍也开始了进藏的征程。

1951年7月，西北进藏部队分批向西藏进军。进藏部队先在兰州集合，稍作准备。被选定的进藏干部年轻而优秀，充满激情和动力，他们迅速投入到进藏的准备工作中，有的在严肃认真地审查和办理调干工作；有的在忙忙碌碌地奔赴北京、天津、上海采购进藏装备物资。同时所有人员都在认真学习《和平解放西藏协议》以及党的民族政策和宗教政策、解放军三大纪律八项注意。西北西藏工委多次召开会议对行军纪律和秩序作了周密部署和严格要求，特别强调"在民族政策上要搞好汉、藏关系，统战政策上要搞好沿途同各个头人的关系，宗教政策上要尊重藏族人民群众的宗教信仰，群众工作上要尊重藏族群众的风俗习惯和群众利益"。

出发前，西北军区副司令员张宗逊、甘肃省委书记张德生、甘肃省政府主席邓宝珊等同志为他们举行了欢送宴会。经过准备之后，首先由慕生忠带领七八个人乘坐一辆大卡车，携带一顶帐篷，向青海都兰香日德进发。

7月的青藏高原是最美的季节，从西宁出发，一路艳阳高照，青草茵茵，鲜花盛开。慕生忠一行人行进80余公里，到达了日月山口。日月山是一条天然地理界线，也是青海省农业区与牧业区的分界线，素有"草原门户"之称，海拔4877米。虽然距离西宁仅80余公里，然而相对高度却陡然升高了两千多米，导致日月山的气候多变无常。

在骄阳的炙烤下，到达日月山口时已是满身大汗。慕生忠下了车，站在日月山口眺望茫茫戈壁，感叹道："这就是文成公主走过的路啊。"

刚才还晴好的天空飘来一片乌云,天上瞬时飞起了雪花,年轻战士哪有见过"七月飞雪"的景象,有人惊呼起来。慕生忠也被这景象所感染,脱口说出:

日月山,日月山,
回头看,有人烟;
向前看,青草滩,
一望无边。
文成过时寻牛郎,
我军进军从此过,
进入草原第一关。

1951年8月1日,西北西藏工委机关干部及部队在范明的带领下,从兰州启程,进军西藏并担负为十世班禅进藏开路的任务。8月12日从西宁出发,翻越日月山,经过倒淌河、青海湖、茶卡,于8月17日到达都兰香日德,与先期到达的慕生忠会合。

西宁距离拉萨路途遥远,部队行进中需要一个中转之地。香日德就是这个重要的中转站。早在中央做出西北进藏决定时,周恩来就曾经问范明:你们打算把驮畜和粮秣还有其他物资集中到什么地方?范明拿出地图,告诉总理:就是这个地方。总理看了看说:香日德?为什么要在香日德?范明解释说:据我们调查,这个地方平坦开阔,有草有河,便于牧放驮畜,更主要的是有一条简易公路,汽车可以直接把粮食等物资从西安、兰州、西宁拉到这里。总理用手指着地图上香日德三个字说:看样子这是一个从西北进入西藏的大本营。

在范明和慕生忠带领十八军独立之队出发前，一野政治部主任甘泗淇在仔细查看地图后曾对他们说：

"你们应当从柴达木东部的香日德经曲麻莱向黑河方向前进，但要注意了解地图上的这条红线。据说这条红线，是唐代文成公主进藏的路线。因此，这条路线对今后发展青藏高原的交通事业，建设西藏和巩固西南边防，都有着极其重要的政治意义和战略意义。"

三、十八军独立支队进藏

西北进藏部队对外使用十八军独立支队的番号。1951年8月，部队在香日德进行休整，宣布行军序列和干部配备：总指挥部指挥员兼政委范明、副政委慕生忠、副政委牙含章、参谋长罗曼中、政治处主任杜舒安，前进指挥部指挥员黎之淦、政委白云峰，此外还吸收了一批藏族干部，为继续进藏做好了准备。前进指挥部配有电台一部，与总指挥部直接联系。

十八军独立支队的一个重要任务是要携带物资进藏，也就是要赶着牦牛、驼马进藏。

香日德修整后的进藏队伍，由565名干部战士、577名民夫、1130匹马、1700头驮骡、1300峰骆驼、7000头牦牛组成，分成牦牛和驼骡两个大队分别驮运物资。牦牛大队由张兆祥任大队长，刘旭初任政委，有130名干部，300多名饲养员，5000余头驮牛，300余匹骡马，长短枪100多支。驼骡大队由高慎之任大队长，薛志诚任政委，骆驼是从阿拉善旗、张掖、高台和民勤购买来的。每个大队又各分成若干个小队，小队长多数由青海和甘肃籍的藏族青年担任，这些藏族青年通晓藏语，熟悉草原生活，成为骨干力量。

牦牛大队的驮运任务是60万斤的物资，主要是面粉、豌豆、糌粑；骆驼大队计划驮运42万斤，包括面粉、饲料、茶叶、银圆、食盐、帐篷等，但实际驮载了60余万斤物资。由于运力不够，为了保障物资运输，途中又在汪什代海部落雇了1000多头牦牛，由高廷选任队长，过通天河后这1000多头牦牛归入牦牛大队编制。

关于进藏的时间和路线，工委做了认真的调查研究，并派人进行了实地勘察。进藏路线的选择必须考虑两点：首先要防止北边哈萨克流匪的偷袭，其次要求沿线有相对丰富的水草，可供牦牛、驼马饮用。最后选择由中路进入西藏。关于入藏时间，大家一致认为：八九月份是草原的黄金季节，部队必须要在大雪封山之前越过唐古拉山。最终，工委决定8月22日从香日德出发。

1951年8月22日，在举行誓师大会之后，部队出发了。起初，全体队员士气高昂，精神饱满，但是，当行军接近黄河源头时，遇到了很大的困难。尽管时值盛夏，但当部队翻过海拔5000多米、高寒缺氧的昆仑山脉诺木岗以后，天气骤变，大雪纷飞。草原顿时变成了雪原，白茫茫的一片，一眼望不到边。积雪没过了马腿，人员出现了严重的高原反应，呼吸困难、头痛胸闷、恶心呕吐。由于积雪覆盖，找不到一点草，马匹饿得嘶嘶直叫。全体队员强忍着身体的不适，下马牵着马走，甚至把携带的木箱、帐篷、铁锅等重物也卸下来，尽可能减轻马匹的负担。

由于积雪太厚，队员们一步一个趔趄，缓慢而艰难地前行，脸上分不清是汗水还是雪水，不住地往下淌。为了防止摔倒，后面的

十八军独立支队从香日德出发

人踩着前面人的脚印，谨慎前移。女同志走得上气不接下气，只好双手拽着马尾，让马拖着走。整整走了一天，才走了35公里。在这世界屋脊上行走的35公里，比过去战争时期一夜急行百多里路还要累、还要困难。直到傍晚，才到达扎家山根的扎家滩宿营。扎家滩上遍地积雪，要搭起帐篷，战士们只好先用脚来蹚出干地，然后把帐篷撑开。

这条路必须经过黄河源头，就是要横穿一段漫长的淤泥地。站在高处眺望，只见一片黑压压稀湿带水的土地，一望无边。淤泥滩像海绵一样，马蹄子一踏进去，就陷进了稀泥里，马一着急，用力往上跳，可是越用力陷得越深。马在稀泥里挣扎，到处是马蹄溅起的泥浆，噼里啪啦响成一片。人脚踩在泥里，淤泥立刻没过膝盖，鞋子陷落在泥里，只能赤脚艰难地前行。

这是一段极其艰难的路程。据范明回忆说："在泥沼草地里第一天才走了不到40里，使我终生难忘。那哪里是走路啊，许多地方不是走的，而是躺下趴下滚出来的。这一天，我们连队有十几个同志陷在泥沼里牺牲了，眼睁睁看着往下沉，那喊叫声惨呀。他妈的，死在战场上还落个尸首呢，这算个什么死法，那些同志死都不会瞑目啊。首长下命令，遇上这种情况不许搭救，不然会牺牲更多的人，有个宁夏兵扑腾着，咕嘟一声就让黑泥汤埋得看不见了，只露出一只手——几十年来，多少回梦里都看到这只手，谁要是在我面前猛一下举起手臂来，我就忍不住后脊梁发冷……"

有的马累得实在走不动了，陷在泥里一步也不肯动，人们想尽一切办法，用尽全力牵着、拉着，也要把马从淤泥滩里拽出来。在这种淤泥滩里，骡子最为吃力，因为骡子腿长蹄小，性情急躁，三跳两蹦就把劲全使完了，慢慢地越陷越深，无法动弹。这次过淤泥滩，部队的骡子死亡最多。"在黄河源头第一天这40里路中，光我们的军马就损失了600多匹，多可惜啊，这个数字可以装备两个骑兵营。"

走出了淤泥滩，出现在眼前的又是"水盆地"。"水盆地"是沼泽地带。一片草地绕着一个水潭，连绵不止。从高处看，一个个的"水盆"亮闪闪的，好像天上的星群，可实际是，绿茸茸的草地中间点缀着洼洼水坑，走在这样的"水盆地"上要格外小心，一不留神，就会滑进水洼里。有的马脚下一滑，跌倒在"水盆"里，前面的人紧拉笼头，后面的人提起马尾，费很大的劲才能把马拖拽出来。

艰难跋涉之后，部队到达黄河岸边，由于水流湍急，两次渡河都失败了。总指挥部立即召集了紧急会议，决定部队移动到上游涉水过河。一名副排长主动要求探水渡河，大家的心里极其紧张，紧盯着副排长进入水中的背影。突然，一股激流把人和马冲到了河中间，马在拼命地向上挣扎，副排长紧紧拉住缰绳，人与马被湍急的水流冲击，走了个半圆弧形，岸上的人们屏住了呼吸……渐渐地，人和马登上了对岸。成功了！岸上一片欢呼声。

"开始渡河！"号令一下，队员们一个接着一个下水渡河，很多同志不识水性，感到头晕目眩，但是个个横着心，咬紧牙，勇敢地向着滚滚的激流冲去。

渡过黄河，部队驻扎在巴颜喀拉山的北麓。这时，原班禅行辕属下、曲麻莱县县长米福堂，率领头人从数百里外前来设帐欢迎，当地的藏族人民给部队准备了充足的牛粪作为燃料。在这休整的几天时间里，部队同志们拣了很多白色的鹅卵石，砌成了两行醒目的标语："中国共产党万岁！""毛主席万岁！"

9月22日，部队进抵长江上游的通天河岸。时值雨季，河水暴涨，当地遭遇了巨大的洪峰，据当地牧民说这是数十年未曾见过的。河水流急如泻，浊浪翻滚，过河无桥，摆渡无船。通天河畔全是鹅卵石滩，没有草场。怎么办？如果等待雨季过去，则会坐吃粮空，陷于绝境。战士们尝试驱赶牛马过河，由于水深流急，牦牛走不到中游就被大浪打了回来。

几名战士自告奋勇，涉水探路，终于找到一处河面宽阔、水流较浅的地方。经过几个日夜的挖渠、分流，降低了主流的流量，牦牛骆驼才得以安全过河。到10月4日，全部人马胜利渡过通天河。在战胜天险通天河的战斗中，藏语翻译辛烈、兽医刘益民、土族同志团柱坚赞和饲养员张进才、刘治明、马进才、吴发英、王百宝8位同志献出了他们的宝贵生命，150多头牲畜被激流冲走。

10月5日部队继续向唐古拉山进发。10月19日，由范明同志起草、总部发出题为《奋勇前进！抢度唐古拉山》的动员令，严格要求各队做到每天早出发早宿营，人员休息好，牲口吃饱草，保证每天的行军里程，并特别强调爱护马匹，做到"上山不骑马，下山马不骑，平地骑一半，经常有马骑"，要求领导干部以身作则。10月24日，队伍到达唐古拉山口并在此宿营。夜晚下起了雪，气温降至零下40℃，第二天起来时帐篷钉子实实地冻在地上拔不出来，骡马缰绳冻成了冰棒。经过艰难的行进，部队终于翻过了海拔5200多米的唐古拉山口，闯过了进藏途中的又一大难关，进入西藏境内。

11月3日部队到达藏北重镇黑河，即今天的那曲。西藏地方政府黑河总管和藏军第四代本率藏军300多人及藏族群众400多人前来欢迎。十八军独立支队高举国旗和军旗，以整齐的步伐穿过街区，在东郊的大草坪上安营驻扎。部队在黑河休整10天，补充粮草，召开上层人士会议，宣传《十七条协议》，之后继续向拉萨进军。11月27日，十八军独立支队进抵距拉萨市区7公里处，中央驻藏代表张经武以及十八军军长张国华、政委谭冠三前来欢迎和慰问。12月1日，十八军独立支队进入拉萨城。

1952年1月10日，中国共产党西藏工作委员会在拉萨召开干部大会，宣布组成新的中共西藏工委，张国华任工委书记，范明、牙含章、慕生忠、谭冠三、昌炳桂、王其梅、陈明义、李觉、刘振国、平措旺杰等11人为委员。

十八军独立支队自8月22日由香日德出发，12月1日进驻拉萨，历时102天，行程2800余里，历经无数艰难困苦，胜利完成进军西藏的任务。十八军独立支队在艰难的进藏行程中，牺牲了26名同志，死亡骡马2000多匹、骆驼500多峰、牦牛200多头。

第二章 粮食危机

从进军西藏的第一天起,部队就被粮食和物资短缺困扰着。1952年下半年,粮食、药品与其他生活物资的极度缺乏,已经威胁到三万多驻藏解放军战士的生命安全和西藏社会的稳定。

中共中央指示西北局与西北军区立刻组建一支运输队,紧急向西藏运粮。慕生忠临危受命,组建骆驼运粮队,带领驼队再进西藏。

一、部队告急

1951年解放军进军西藏最大的问题是缺粮,后勤补给运输面临极大的困难。

1952年7月,人民解放军已全部进驻拉萨和各国防要地,也就是说完成了第一步——进去了,但进去了,能不能站住脚?解放军面临着巨大的挑战和考验。

西藏因海拔高而夏季温度偏低,且昼夜温差大,这种特殊的自然气候条件决定了西藏的基本经济生活是畜牧业。20世纪50年代,只有在雅鲁藏布江中游及其支流的河谷地区有一些农业生产区,也仅是种植青稞、小麦、豌豆、油菜等一些耐高寒的作物而已,且产量极低。针对当时西藏经济落后的实际情况,解放军进军西藏期间,毛泽东就指示"进军西藏不吃地方",部队补给依靠内地运输。解放军进驻拉萨后,人、粮、事的矛盾尤为突出。政治重于军事,补给重于战斗,成为当时西藏工作的事实和原则。

从十八军进军西藏的第一天起,就一直被粮食短缺和物资运输困难困扰着。路途艰难、高原缺氧都能克服,而部队吃饭问题却成了致命问题。

进军西藏时,藏军之所以敢在昌都进行抵抗,并非对战局缺少判断,他们很清楚,当时解放军已经有500万兵力,而藏军实力极为有限。如此悬殊的实力对比,藏军怎敢在昌都与解放军死战?一个原因是藏军企图凭借金沙江和横断山脉的所谓天险,阻止解放军;另一个更重要的原因是进藏作战后勤补给跟不上,再多的兵力也没有用,藏军梦想只要在昌都坚持一段时间,解放军补给跟不上就会不战而退。

部队进入西藏初期,西藏上层少数分裂分子在外国反动势力的挑拨和支持下,对进藏部队实行经济封锁,扬言要把解放军饿绝困死。

当时,进藏部队大约有3万人,即便按照每人每天4两粮食的最低生活标准,每天也要消耗1.2万斤粮食。由于分裂分子哄抬物价,市场上1个银圆只能买作为燃料的8斤牛粪,面粉的价格就更贵了。粮食等物资补给问题成了人民解放军能否在西藏立足的关键。

进驻拉萨的部队严格执行"协议"规定,坚持不驻民房。部队以昂贵的价格购买了大贵族、大商人多余的宅院,用作机关部队的办公住所。由于运输一时跟不上,部队面临粮食短缺的困境,西藏反动势力趁机封锁粮食,抬高市面粮价,并散布谣言,挑动群众情绪,制造矛盾。西藏工委采取紧急措施,分散驻防,就地筹粮,开荒种地,统一采购,稳定物价。

驻扎在藏北的先遣连一百多名战士缺乏粮食,靠着打野牛、野驴填肚子。但打猎也并不那么容易,加上高原反应,几个月时间,牺牲了二十多名战士。连里有一名叫贡保的小战士,是一名出生在青海的藏族小伙儿,由于家里贫困,从小被父母抛弃。1949年,他在兰州街头流浪时,被解放军收留,后跟随部队去了西藏,成了先遣连的一名小翻译。这天,连里又一名战友因饥饿倒下了,贡保抹了把泪,悄悄拉着一位战友走出帐篷,他脱下军装,换上藏族服装,对那位战友说:

"如果我明天还没回来,你就让连长到头人家里给我收尸。"

战友一听,急了,拦住他说:"你不能去。"

贡保用力甩开战友的手,大步向前走去。

贡保所说的头人,就是当地势力的头目。头人不准藏族群众和解放军接触,也不准他们给解放军卖粮食,否则会遭到严惩。迫于头人的淫威,藏族群众不敢接近解放军。

贡保找到头人,商量买粮的事儿。头人态度很蛮横,还说就算解放军出10倍的价钱,他也不卖粮食。还劝贡保离开解放军。贡保被激怒了，迅速掏出枪顶在了头人的脑袋上，头人的手下也拔出枪对准贡保。贡保没有丝毫畏惧，头人已被吓得浑身哆嗦，没有了刚才的嚣张。头人哪里受过这样的惊吓，保命要紧，他结结巴巴地示意手下放下枪，嘴里含混地说着："好商量、好商量……"

部队那边，贡保走后，那位战友又急又怕，一是怕贡保惹出祸来，二是为贡保的安全担心。情急之下，报告了连长。

"胡闹！"连长一听，噌的一下，火气直冲脑门。

"为什么不拦住他？"

"我拦了，没拦住。"

战友委屈地望着连长，焦急地说："连长快想办法吧。"

"给我把他抓回来！"连长大声吼道。

当贡保押着头人向驻地走来时，迎面碰上正带人急速寻找他的连长。见他押着头人，连长又急又气，冲过去就给了贡保两巴掌，骂他不遵守纪律，闯了大祸。头人一头雾水，问贡保连长为什么打他。

贡保骗头人说："连长打我，是因为我没有一枪打死你。"

头人是一个贪生怕死的人，一听这话，早已吓得半死，急忙让贡保给连长翻译，同意把粮食卖给解放军。

1952年，拉萨部分仓库一度只有3天的存粮，最多只能勉强维持7天。部队只能按日发粮，干部战士都得勒紧裤腰带，最困难时，一天只能保证一顿稀饭。部队多次与西藏地方政府交涉，希望他们能够筹借部分粮食，或按市价用银圆购买。西藏地方政府两个代理司伦洛桑扎喜和鲁康娃表面说帮助解放军，背后却以各种借口拖延和阻挠，暗地里还散布流言说："昌都我们打了败仗，现在饿肚子比打败仗更难受。"

驻藏部队和地方工作人员处于非常困难的境地，粮食不足，燃料缺乏。面对十分严峻的斗争形势，中央紧急决定采取适当购买、打通内外贸易、从内地运输补给等措施，来缓解进藏部队和工作人员的困难。中央军委通过外交途径在印度政府的合作下，从广东、福建调集3000吨大米，先运到印度加尔各答，经由锡金岗托运到西藏亚东，再由西藏军区第154团前往亚东执行粮食转运任务，组织1500匹骡马分批到岗托往返驮运。从岗托到亚东每趟往返需要7天，为了提高运输量，还抽调一部分兵力修筑亚东到拉萨的马车路，以保证这批粮食运抵到位。

这次粮食补给暂时缓解了一些困难，但长途的粮食运输运费高昂、运量有限，而且运到的粮食也因途中耽搁日久，风吹雨打，部分已霉烂变质。远距离的粮食调运，长途跋涉，绕道而行不是解决西藏缺粮的长久之计。

为了在西藏立足并顺利开展工作，中央一方面积极采取措施帮助部队渡难关，另一方面号召部队自力更生，依靠自己的力量战胜困难。为了不增加西藏人民的负担，部队一方面减少向当地征粮购粮数量，另一方面发出了"自力更生，开荒生产"的号召，这完全符合当时西藏的实际情况。这些政策和措施深受藏族人民的拥护，为人民解放军在西藏开展各项工作打下了良好的群众基础。

根据中央精神，西南局、西南军区1951年11月5日指示："要认真注意明春生产准备工作，搞好生产是进藏部队长期的一项中心任务。"

中共西藏工委和进藏部队迅即做出节衣缩食、开荒生产的决定。经过交涉，西藏地方政府划定拉萨西郊河滩一片乱石荒地给部队开垦。于是，范明、谭冠三、慕生忠等部队领导身先士卒，带领战士们在荒滩上安营扎寨，发扬艰苦奋斗的南泥湾精神，掀起了一场生产自救的热潮。

荒滩上乱石遍地，荆棘丛生，刺丛一簇簇一堆堆，枝丫上长满三角刺，稍不小心，就会扎伤手脚。由于缺少工具，开始只能3人一把铁锹，战士们便找来牛肋骨和石片，先铲断荆棘，再翻挖土地。这片荒滩不但土质硬，而且净是石块，翻挖这样的土地可想而知是很困难的，常常是一镐下去，碰到石头上，震得虎口发麻，地上却只砸出一个白点。挖地垦荒一点也不比过去行军打仗容易，但战士们硬是咬着牙，迎风雪、斩荆棘、挖冻土，在这荒滩上开出了2300多亩田地，后来的"八一"农场，就是在此基础上建成的。

垦荒种地到结果收获，需要一个过程，而且垦荒种地也只能解决一小部分问题。从当时西藏经济情况来看，西藏的物资保证必须依赖从内地输入；要从内地运输物资，就必须要有一条通往西藏的安全便捷的道路。两个"必须"成为当时保证西藏社会安全与稳定的首要问题。

二、慕生忠与运粮驼队

必须保证西藏物资供应，必须保证运输线路通畅，已经成为当时确保国家安定的战略问题。

1952年下半年，驻藏部队粮食、药品与其他生活物资告急，尽快从内地运输粮食和物资入藏，缓解粮食、物资危机，已刻不容缓，它关系到三万多解放军战士的生命安全和西藏社会的稳定。

要以最快的速度把粮食运进西藏，必须选择一条安全快捷的运输线路。正是从这个关系西藏稳定与发展的大局出发，1953年1月，在国家经济非常困难的情况下，党中央批示并拨出专款加紧修筑西康到拉萨的康藏公路，以彻底解决西藏物资运输问题。

1951年解放军进藏时，分别从四川、甘肃、青海等不同路线运粮入藏，但三地到西藏都没有公路交通，都是通过组织畜力的方式，沿着骡马便道把粮食驮运进西藏。从西康运粮入藏，气候和自然条件相对较好，但沿途大山、河流阻隔，地势相对复杂，暴雨季节山洪、泥石流灾害多，而且沿途经常会遭到反动分子和土匪的袭扰。从青海运粮入藏，地势、海拔高，道路却相对平坦，高寒缺氧成为最大困难。但如果能克服高寒缺氧问题，青海路是一条相对比较快捷的道路。

鉴于此，中央指示西北局与西北军区迅速组建一支支援西藏的运输队，从甘肃、青海紧急向西藏运粮。1953年8月5日，西藏运输总队在兰州成立，王宝珊任总队长，张子林为副总队长，慕生忠任政委，任启明为副政委。

西藏运输总队的成立，使慕生忠与青藏公路结下了不解之缘。

慕生忠，1910年出生在陕北榆林地区吴堡县寇家塬镇慕家塬村一个破落地主家庭。在那个重男轻女的传统时代，男孩儿的到来为这个家庭带来了欢乐。作为破落地主之家，生活也是比较拮据，但尽管如此，父母还是将慕生忠送进了学堂。

慕生忠的童年处于旧中华民族危机重重、民众苦难深重的时代，同时也是志士仁人探索救国道路，接受马克思主义，进行社会革命的时代。特别是1921年中国共产党的成立，给灾难深重的中国人民带来了希望。在时代大潮的推动下，陕西地区的进步青年比较早地开始了革命活动。

正处在少年成长期的慕生忠，深受进步思想的影响。在他投身革命的道路上，有一个人对他影响极大，这个人就是刘志丹。刘志丹也出生在陕北榆林地区，他比慕生忠年长7岁。1922年，刘志丹考入榆林中学，在共产党员魏野畴、李子洲等老师的教育指导下，接受了马克思主义，认识到只有社会主义才能救中国。在校期间，刘志丹曾任学生会主席，组织领导学生运动。1925年加入中国共产党，并进入黄埔军校学习，成为一名坚定的共产主义者。大革命时期，刘志丹积极参加反对北洋军阀的战争。大革命失败后，他回到陕西，与其他人一起组织渭华起义。渭华起义是中国西北地区发生最早、规模最大、影响最深的一次起义，它打击了陕西军阀统治。起义虽然失败了，但是刘志丹的名字从此家喻户晓。

1928年渭华起义的时候，慕生忠已经是18岁的青年了。

慕生忠性格耿直，从少年时代就对除暴安良的英雄人物十分崇敬。他生长在贫瘠落后的陕北，艰难的生活塑造了他坚忍、大胆的性格，也磨炼了他顽强、勇敢的意志。在他的成长过程中，目睹了民不聊生、饿殍遍野的凄惨景象，对旧中国的现状产生不满，他立志要救国救民，决心改变这种不平等的社会。

渭华起义，刘志丹的名字深深地印在了慕生忠的脑海里。他非常向往加入革命队伍，像刘志丹那样与军阀势力进行斗争。他开始四处打听革命队伍的去向，准备投身革命。

1930年慕生忠离开了家，加入了当地的一支游击队伍，杀恶除奸。在这里慕生忠开始接受马克思主义，在斗争中不断磨炼成长。

1933年，慕生忠如愿加入共产党。

1930～1934年，蒋介石国民党军队对苏区红军进行"围剿"，在陕西，国民党军阀势力也开始全面清剿共产党和游击队。榆林地区，国民党地方势力勾结当地地主土豪，在各县清查共产党员，各村凡是有参加共产党或游击队的家庭，都遭到袭击。慕生忠参加游击队后，因其勇猛，经常带领游击队开展除奸除恶活动，在当地已经小有名气，自然成为地方反动势力的眼中钉。当地反动军阀追捕慕生忠未能得逞，于是对他的亲人下手，放出风来："如果慕生忠不投案，就杀死他的全家。"亲人遇害，慕生忠悲愤哀痛，但他并没有被敌人的暴行吓倒，发誓一定要为亲人报仇。他化名为艾拯民，继续带领游击队在榆林地区杀除恶霸。当地欺凌百姓的恶霸地主听到艾拯民的名字就心惊胆战。艾拯民杀恶除奸，胆大勇猛，在当地传为佳话，连刘志丹都夸赞慕生忠胆子大，不少人直接叫他"艾大胆"，"艾大胆"的名字便在当地传开了。

1935年5月，为了缓解阎锡山晋军对陕北根据地的"围剿"压力，慕生忠带领一支游击队东渡黄河，在吕梁地区与晋军开展游击斗争，时而伏击，时而隐蔽，战斗在晋西20多个县。阎锡山下令剿灭这支游击队，但始终不能如愿，于是贴出布告，悬赏10万大洋买慕生忠的人头。

慕生忠在战斗中不断成长。1935年10月，中央红军长征到达陕北吴起镇（今吴起县），慕生忠也带领一支部队到吴起镇迎接中央红军。1937年七七事变，全国抗战期间，慕生忠先后担任延安以东地区作战司令员、山陕特委军事部参谋长、洛川地委宣传部部长等职务。解放战争初期，慕生忠担任晋绥军区第四军分区副政治委员、第九军分区司令员。1948年任中共山西河津县委书记。1949年慕生忠在彭德怀任司令员的第一野战军担任政治部民运部部长、政治部秘书长等职务。

1949年5月20日，由彭德怀等指挥的中国人民解放军第一野战军占领并解放西安。第一野战军为贯彻中央军委关于解放大西北的战略部署，开始向西北国民党统治区后方进军。慕生忠跟随一野部队战斗在大西北。1950年全国许多城市相继解放，管理新解放的城市，迅速抢修恢复被破坏的交通线路，成为首要问题。党中央发出了"人民军队参加国家经济建设"的号召，1950年春，驻陕、甘部队七万指战员（以第一野战军第64军为主），在刚刚结束伟大的战斗任务后，立即参加到修建西北铁路的生产战线上来，充当开路先锋。5月，为适应西北铁路建设的迫切需要，经中央人民政府政务院批准，在甘肃天水成立铁道部西北铁路干线工程局，担负抢修宝天线（宝鸡—天水），修建天兰线（天水—兰州）以及兰新线（兰州—新疆）的艰巨任务。这一时期，在西北铁路干线工程局，慕生忠担任政治部主任。

1953年8月，慕生忠被调往新成立的西藏运输总队任政委，西藏运输总队此次要完成向西藏紧急运粮的艰巨任务。

此次运输任务，中央直接拨款1360万元（当时币制为1360亿元），用于购买骆驼和招募驼工。1360万元，在新中国成立初期可不是个小数目，它远远超过了当年青海省全年的财政收入。

随后，西北局委托范明紧急主持召开有甘肃、青海、宁夏三省民政厅、西藏运输总队和西藏工委驻兰州办事处负责人出席的联席会议，布置运输任务和购买骆驼、招募驼工等事宜，会上范明传达了西北局关于驼价和驼工招募费用等具体规定。

此次运输任务是一百万斤粮食、药品和装备物资，必须保证在三个月内运进西藏。按每峰骆驼的驮运量计算，完成整个运量需要上万峰骆驼。

范明与慕生忠不禁发愁，之前十八军独立支队和护送十世班禅这两次进藏已经伤亡了大量骆驼，再上哪里去找这么多骆驼呢？时间紧，任务重，两人商量决定动员一切可能的力量，分赴新疆、内蒙古、青海、甘肃和宁夏，设立收购点，一场地毯式的收购工作迅速展开。

1953年8月底，甘肃省民勤县的县委大院里，西藏运输总队的驼工招募，引来了许多当地百姓，他们不仅将骆驼贡献了出来，自己也加入到了驼工队伍。

最终，运输总队从宁夏、青海、甘肃、内蒙古等地，先后购买

向西藏运输物资的骆驼运输队伍

了28000多峰骆驼,招募了近3000名驼工。

购买的骆驼和招募的驼工从不同地方向青海西部香日德集结。敦煌收购点经当金山、马海到香日德;酒泉收购点经青头山、高崖泉、天峻到香日德;宁夏收购点经兰州、西宁到香日德;永昌收购点经祁连、刚察到香日德。与此同时,西藏运输总队也迁移至香日德。说是运输总队,其实是一个由2.8万峰骆驼和几千名驼工组成的骆驼运输队。

向西藏运送物资的骆驼运输队伍

香日德在青海西部,地势比较开阔,属冲积型斜坡平原,平均海拔2950米,距离西宁近500公里。明清时期是从青海、甘肃、宁夏、内蒙古进入西藏的重要驿站,民国时期,一度设香日德设治局,也是马步芳的囤粮基地。香日德河横断镇区,将其分为河东、河西两部分,该河年均流量为12.5立方米/秒,水利资源十分丰富。"香日德"是藏语,意为"树木之乡"。1954年之前,从西宁往西的公路只通到香日德。

驼工和骆驼集聚香日德后,被分成若干驼队,驮装物资,准备出发。此时的驼工们并不知道这次千里驰援对他们来说将是一次怎样的生死考验,这次进藏也让慕生忠坚定了修路的决心。

三、这里就是格尔木

驼队集结格尔木后,进行了分组,每10人为一小队,分发1顶帐房,小队长配备1支步枪、200发子弹。经过短暂的休息后,整装待发。

作为指挥官的慕生忠心情却十分沉重,怎样才能保证以最快的速度安全地把物资运进西藏?关键是要选择一条相对便捷且安全的运输路线。第一次进藏经过黄河源头沼泽地时人畜伤亡的惨景每一次浮现在慕生忠眼前,都令他心痛不已,他决定这一次一定要避开沼泽地。

要避开黄河源头沼泽地,还有什么线路可以走呢?慕生忠十分焦虑,来回踱着步子,始终想不出办法,他索性走出房间。不远处,看到有十几个驼工围坐在一起聊天,他走了过去,驼工们连忙站了起来。慕生忠摆摆手,示意大家坐下。

"还有烟抽啊。"慕生忠看到一位驼工手里拿着一根皱巴巴的纸卷成的烟卷说道。

"这是从老家带来的。"驼工不好意思地回答,显得有些拘谨。

"来,让我尝尝。"驼工赶忙递上烟卷。

慕生忠吸了一口，呛得咳了起来，直叫"太冲了、太冲了……"看到他被烟呛的样子，驼工们大笑了起来。

慕生忠与驼工们聊了些家常后，问道："你们知不知道有别的路可以进西藏？"

一位看上去年纪稍大点的驼工说："我去年跟着驼队护送班禅行辕物资和进藏干部时，因为听香日德当地人说，过去有商人、马帮经由香日德西行至一个叫'格里峁'的地方，再向南行，越过昆仑山、唐古拉、黑河到拉萨。所以驮运总队改变线路，走的就是这条路。"

"路上情况怎么样？有沼泽吗？"慕生忠连忙问道。

"没有，路上比较平坦。"

慕生忠心中一阵惊喜。

另一名驼工紧接着说："香日德人说前年有一股乌斯满都残匪，也是通过此道窜入西藏的。"

又一名驼工说道："我听人说有一个叫'格里峁'的地方，地势很平，从那儿往南走进昆仑山，有一条山沟，一直可以穿过山。"

听了驼工们的话，慕生忠非常高兴，至少可以确定有一条避开沼泽地进入黑河的道路存在。

慕生忠兴奋得大步往回走，在营房门口碰上了副政委任启明。

"老任，快，拿地图来。"

任启明纳闷，刚才还在为进藏线路的事焦虑的慕生忠，怎么一下子像变了一个人似的。

慕生忠将刚才与驼工们的交流告诉了任启明。任启明也高兴地笑了起来，他让警卫员赶紧去拿地图。

片刻时间，一张地图铺在了桌子上，运输总队的几位领导已经围坐在了桌前。

这张地图还是马步芳时期留下来的军用地图。几双眼睛在地图上仔细搜索，可怎么也找不到"格里峁"。大家感到有些失望，有人发出了叹息声。就在这时，有人突然指着地图上的一点，惊呼道："看，这里有'噶尔穆'三个字，没准就是那个'格里峁'哩！"

慕生忠看了看地图上标记的"噶尔穆"三个字，嘴里反复念叨着："'噶尔穆''格里峁''噶尔穆''格里峁'……"

"没错，这两个词读音太像了。"大家一下子兴奋了起来。

"这样吧，咱们找当地人了解一下，这两个名字很可能指的是同一个地方。"慕生忠果断地说道。

向当地牧民了解情况

香日德有一条河，沿河稀稀落落地住着一些蒙古族牧民。慕生忠走访了牧民毡房，牧民告诉他"格里峁"就是"噶尔穆"，是蒙古语，意思是"河流密集的地方"。牧民还告诉慕生忠，"格里峁"是一片平坦开阔的地方。

获得确定信息后，慕生忠果断地修改了这次的进藏路线：由香日德向西行走约300公里到达"噶尔穆"，再向南行进穿越昆仑山，进入西藏。

由于自然条件恶劣，慕生忠决定驼队采取先设站后行进，梯次延伸前进的方法，他首先派出青年干部张震寰和赵建忠带领十几个人携带6顶帐篷，作为探路小分队，从香日德出发，要求他们找到地图上标记的这个位于昆仑山北麓的"噶尔穆"，准备在"噶尔穆"建立转运站。

1953年10月，浩浩荡荡的运粮驼队从香日德出发，向着地图上标记的"噶尔穆"方向行进。10月的高原已是深秋，夜晚气温已经降到零摄氏度以下，加上高原缺氧，长途跋涉，人困驼疲，驼队行进极为艰难。

探路小分队的十几个年轻人沿着柴达木盆地一路向西。由于头一年护送班禅行辕驼队走过的"路"还依稀可辨，探路队员们循着踪迹一路向前，省去了不少麻烦，比较顺利地到了昆仑山下。

这里果然是一片一眼望不到边的大戈壁，地势平坦，从山中漫流下来一条又一条的小河，这些河水流淌到比较平缓的地段又分流成多条小溪，在阳光照射下，波光粼粼。一切是那么的平静，听得见小溪的潺潺流水声。

"我——们——来——了！"

年轻的探路队员兴奋地甩掉行囊，呼喊着，奔向小溪，掬起一捧溪水，痛痛快快地喝起来。队员们相互撩水嬉闹，忘记了长途劳顿，欢笑声打破了戈壁的寂静。

让探路队员没有想到的是，从香日德出发时他们掌握的"情况"是这里有蒙古族牧民，可是到了这里，别说没有人，就是连牲畜的影子也没见到。

即便荒无人烟，可队员们依然很高兴，认为"格里峁"在哪儿不重要，没有牧民也没有关系，只要有水，有了这块难得的、平坦的开阔地，他们就能在这儿建中转站了。

队员们找了个地势较高、土质较硬的地方，先撑起了两顶帐篷，安装好电台，他们要用最快的速度把这个好消息告诉指挥部。

指挥部接到小分队的报告后，一片欢腾，慕生忠对建站的成功表示祝贺，同时要求他们做好人员、骆驼的安全工作，准备迎接即将到来的骆驼大队。

队员们各就各位，开始了各自的工作。不多时，茫茫戈壁"长"出了六顶帐篷，分外显眼。

为了给大部队指明方向，张震寰和赵建忠动手拆了个铁罐头箱，砸成铁皮，做成路标，插在道路拐弯处显眼的地方，还特别地写上了"格里峁"三个字。

小分队在这荒野驻扎，保护自身的安全十分重要。白天，这荒原上倒也显得风平浪静，可是一到夜里就不安宁了。荒郊野岭是狼群出没的地方，自从六顶帐篷出现在这里后，狼群一到晚上便结队而来，围着帐篷，肆无忌惮地嚎叫着。队员们半夜出去小解，必须点起篝火，狼怕火，逃窜而散。但是，篝火一熄，狼群又围

早期的格尔木

了上来……

戈壁滩上生长着红柳，为了隔开狼群，队员们砍下红柳，插在帐篷周围，没过几天，六顶帐篷就被一圈高高的红柳围了个四四方方、严严实实，队员们为自己造了一座"城堡"院墙。大家把装着豆料的麻袋垒起来，上面架起一挺机枪，夜里大家轮流站岗，防止狼群袭击。

队员们给这座用红柳围起来的帐篷城，起了个好听的名字，叫"红柳城"。

当慕生忠带领骆驼大队到达小分队建起的"红柳城"时，有人问慕生忠，哪里是地图上的"噶尔穆"。慕生忠拿起一把铁锹，用力往地下一戳：

"这就是噶尔穆，我们的帐篷扎在哪里，哪里就是噶尔穆。"

红柳城就是今天的格尔木,六顶帐篷就是格尔木的第一代"建筑"。

四、"我要修一条能走汽车的路"

1953年10月底,格尔木转运站以六顶帐篷的"红柳城"为基础正式建立起来。这是最早的格尔木城。转运站担负进藏人员休整、补给和物资的中转。站长刘奉学,副站长吴葆琨,政委由运输总队副政委任启明兼任,政治协理员赵建忠,行政管理员张震寰,会计温恩宪,事务员许鼎臣,翻译杨万廷(藏族),另外还配有医生2名,电台工作人员6名,总共16人。这16个人成为第一代格尔木人。

驼队在格尔木休整后,开始向南行,穿越昆仑山。

向西藏运输物资的驼队

在这条路线上行进,虽然不用再受沼泽之苦,但自然条件十分恶劣,海拔高、空气稀薄、低温期长。尤其是唐古拉地区号称"生命禁区",山口海拔5220米。穿越这条世界上海拔最高的长途运输线,是同大自然的一场生死搏斗。

因为运粮任务紧急,每峰骆驼负载约120~150公斤,不停歇地长途跋涉。虽然骆驼号称"沙漠之舟",但也经不起高原长途负重累行,再加上原来吃惯了白刺草、沙蒿等高株深草的骆驼,在进入戈壁后,只能俯身去啃地皮上的草根,更多地消耗了骆驼的体力,骆驼日渐消瘦,有的倒地死亡。死亡骆驼驮的粮食只能被丢弃在路旁。

从青海香日德到西藏那曲,即便直线捷径也有1000多公里,骆驼驮着300斤的重物,每天只能以40里的速度行进,这已是竭力而行了,后期劳顿连这个速度都无法保证。特别是驼队进入昆仑山后,要经过雪水河、三岔口,到达可可西里,再经过不冻泉、通天河、五道梁,翻越唐古拉山,呼呼的西北风夹着雪片抽打在脸上,冰冷疼痛,厚厚的积雪淹没了双脚,双脚早已冻得麻木了。这里每前进一步,都要付出超常的体力。

翻越昆仑山、唐古拉山,是一段非常艰难的历程。驼队行至唐古拉山口时,海拔已达5000多米,好像天上的云雾与冰天雪地连在了一起。严重的缺氧让人们感觉头疼眼花,视线模糊不清,嘴唇青紫,稍走快点就喘不上来气。

这里空气中的含氧量仅能满足人体对氧气需求量的一半,驼队被迫停下来休息。天刚黑,风云突变,刮起了大风,鹅毛大雪像棉花团一样从天而降,想继续走已经来不及了。第三中队只得在山顶上宿营。第二天早晨,李得瑜被小队长孙兆存摇醒,当李得瑜睁开双眼的一瞬间,他被眼前的景象惊呆了。

一夜的大雪，已经把三分之一的帐篷埋掉了，骆驼也只露着半个身体。孙兆存焦急地呼喊起来，催促大家赶快从雪里爬起来。大家齐心协力，强忍着刺骨的寒冷，从雪堆里扒出骆驼和物资。直到这时人们才发现，已经有十几峰骆驼被活活冻死了。大家拼尽最后一点力气，把宝贵的物资一点一点从雪中刨了出来，再一包一包运下山。

长途跋涉，骆驼已被消耗得骨瘦如柴，身上的驼毛大把脱落。每到宿营时，卸掉驮架，骆驼便卧倒地面，浑身颤抖。尤其是上了五道梁，翻越唐古拉山的10多天里，冰天雪地，骆驼吃不到草，有个中队一夜间死了70多峰骆驼，驼工心痛得痛哭流涕。

驼队在寒冬腊月，顶风冒雪，战胜高寒缺氧，经过3个多月千辛万苦的长途跋涉，1954年1月，驼队终于把百万公斤粮食运送到聂荣宗，千里运粮，胜利完成了驰援西藏的任务。黑河分工委组织6个牦牛驮运队，再将救援粮食和物资由聂荣宗运送到拉萨。

黑河分工委组织的牦牛驮运队

慕生忠带领运粮驼队胜利完成运粮任务，缓解了驻藏部队的粮食危机，但一路艰辛，驼队付出了惨痛的生命代价。由于极端的寒冷和严重缺氧，有30多名驼工牺牲在了运粮路上，在香日德聚集的两万八千峰骆驼，完成任务后回来的不足五千峰，死亡率达百分之七十以上。粮食也丢了不少。

两次进藏，慕生忠亲眼看到人畜遭受的巨大牺牲和死亡。千里运粮带来的巨大压力和损失深深地震撼了他。每次想到在黄河源的沼泽地和高寒缺氧的唐古拉失去的年轻生命，想到一峰峰骆驼倒地时的挣扎，想到因无法运走而丢弃的粮食，慕生忠就心痛不已。

"我们这是把人和骆驼往死路上赶，这样的死到哪一天才能结束？"

"不行，这样死下去，中国的骆驼总有一天要死完。为什么不能用汽车运输？"

"我要修路，修一条能走汽车的路。"

第三章　筑路决心

十八军独立支队进军西藏的艰难历程，驰援西藏千里运粮付出的生命代价，让慕生忠下定决心，要修一条运输公路。

国之所需，就是己之所为。慕生忠派人带着马车沿昆仑山探察进藏线路，得到"远看是山，近走是川，山高坡度缓，河多水不深，道路虽艰险，马车可过关"的好消息。

带着实地探察的自信和依据，慕生忠前往北京请命修路。听完汇报，彭德怀拍板定案："此路可修！"

彭德怀的支持和周恩来的批示成为慕生忠修筑青藏公路的坚强后盾。

一、勘察线路

　　慕生忠两次进藏经过的地方，是世界上自然条件最艰苦的地区之一。沿途经过了无垠的沼泽、浩瀚的戈壁、湍急的江河、高耸的雪峰。这些地区海拔高，天气严寒，严重缺氧。作为一位身经百战的将军，慕生忠知道，仅靠人扛、骆驼驮的运送方式不能解决驻藏部队的吃粮问题。十八军独立支队进军西藏的艰难历程，驰援西藏千里运粮付出的生命代价，让慕生忠下定决心，要修一条运输公路。

　　为了修筑青藏线，慕生忠和他的驼队又一次踏上了新的征程……

　　1953年，当慕生忠担负驰援西藏运粮任务、组织驮运大队的时候，就有一个大胆的想法：用木轮车探一探险，闯一闯路。慕生忠找来队长张子林、副政委任启明，将自己的想法告诉了他们。

　　"行，我看这个办法可行。"任启明肯定地说，张子林也赞同地点了点头。

　　"派谁去合适呢？"

　　"我去。"任启明果断地说，"你是政委，要指挥全盘，子林要带领驼队，我去最合适。"

　　三人商量后，决定由任启明带人赶着马车往前探路。慕生忠提出了一个简易可行的勘察办法，即用一辆和运输汽车一样宽窄的马拉大车沿着青藏线走一次，只要马车能通过，修建一条能通汽车的公路就不成问题。

　　慕生忠将这一想法和决定告诉了范明，并说自己需要两名能绘制地图的测绘员，勘察并绘制线路图。范明立刻表示支持，并马上给青海省委书记张仲良写信。尽管当时技术人员非常紧缺，但青海省委仍给慕生忠派来两名测绘技术人员，同时还带了一名叫顿珠才旦的藏族翻译。

1953年11月，在运粮驼队向西藏进发时，任启明挑选了十几名战士和驼工，加上2名测绘技术员，1名翻译，共20多人，牵着5峰骆驼、20余匹骡马，驾着两辆木轮大车，从香日德出发，沿着柴达木盆地的南麓前进。沿盆地南缘300多公里都是戈壁荒滩，人烟渺渺，偶尔可见红柳沙丘。

探路队在荒漠上实地勘察，边行进边测量、记录、绘图。为了确定准确线路，有些地方他们甚至反复走了好多遍。

到达格尔木，他们整理资料，稍作休息，又继续向黑河前进。格尔木至黑河近1000公里。茫茫戈壁荒无人烟，有些地方就连驼队走过的痕迹也很难辨认。后来，他们发现沿途有倒毙的骆驼。凡有死骆驼的地方，天空中就会盘旋着老鸦和秃鹫，这给他们指明了前进的方向。

"天上老鸦叫，死驼当路标。"探路队员远看老鸦、近找死驼，寻踪前进。

当一行人到达离格尔木70公里的昆仑山脚下时，有一道深长的峡谷，挡住了去路。这条峡谷长约1公里，宽10米左右，深30多米。深渊下急流冲击巨石，发出轰轰的巨大声响，让人惊心害怕。峡谷岸边的峭壁上仅有一条盘旋的羊肠小路，人畜可勉强通行，大车则无法通过。仅可人畜通行的小道被峭壁上滚落的巨大石头挡住了通道。

探路队被困在了这里。队员们找到一块比较平坦的地方支起帐篷，测绘员勘察峡谷地形，巨大的落石靠人力无法清除。幸好驼工

任启明率领的马车探路队

中有会干石匠活的,出发时,带了一些炸药,这下派上用场了。驼工在落石上填好炸药,把巨石炸成小块,然后搬石清路,疏通了被阻挡的小路。

人畜是可以通过了,但大马车还是过不去,尝试多次,均告失败,大家一筹莫展。任启明非常担心,不能在这里耽搁太久,害怕峭壁上有岩石再滚落下来

"把轮子拆下来,看能不能把车调过去?"有人说道。

"对呀,试一试!"队员们一下子打起了精神。

大家七手八脚把大车轮子拆下来,然后用长绳子绑着大车的辋板和轮轴,有人爬上石崖的顶端用力扯着绳子,将大车吊在空中,一步一步地移了过去。终于,在天黑前离开了峡谷。

这一天,探路队员在记录本上写道:"11月20日,前进200公尺……"

大车队继续沿着格尔木河迂回而上,登上昆仑山口,西行几

天后到了楚玛尔河。楚玛尔河是长江三大源流的北支，距格尔木约230公里。几百米宽的河床上分布着大大小小的沙洲，人和车马从冰上走过，进入可可西里。

从可可西里到唐古拉山垭口的数百里地带，是沉睡着的亘古荒原，没有人烟，被称为生命禁区。唐古拉山脉自西向东逶迤排列，看上去虽不是很高，但是在雪线以上，像戴着银冠一样。

冬季的可可西里，白天有阳光照射，还算暖和，晚上气温骤降，异常寒冷。夜晚宿营，探路队员们撑起帐篷后的第一件事就是化冰消水饮牲口，经常要化五六锅雪水，才够牲口喝。夜晚有时气温降到零下40多摄氏度，为了保护马匹，队员们把部分大衣、被子拿出来给马盖上，大家一起挤在帐篷里抵御寒冷。

一天早上任启明被冻醒，头伸出被窝一看，帐篷已被风吹倒，被子上已经覆盖了一层积雪。他急忙叫醒大家，清除积雪，整顿好行装继续前进。

大车一路前行，发出吱吱呀呀的响声，单调而有韵律的节奏回荡在寂静、荒凉、空旷的可可西里。白茫茫的旷野里，留下深深的车辙印和队员们艰难前行的身影。

翻过唐古拉山口，探路队一路向前，下桃儿九，过安多，进入羌塘草原，进入聂荣宗。终于，在1954年1月23日到达藏北重镇——黑河。

任启明带领探路队员克服重重困难，完全凭着双脚的丈量，硬是打通了从香日德到格尔木，沿着昆仑山，穿越可可西里进入西藏的大轮车行走通道，并绘制了详细路线图。

探路队员欢呼雀跃，胜利的喜悦让他们早已忘了行路的艰辛。

任启明也按捺不住心中的喜悦，即兴做了一首诗：

怒江源头水悠悠，
车到黑河方解忧；
迎风冒雪几千里，
人生做事几春秋。

在黑河，探路队受到中共黑河分工委的热情欢迎，分工委副书记侯杰赞扬说："你们历尽千辛万苦，不惧风雪严寒，牵着骆驼，赶着大车，探通了这条线路，还运来了面粉、物资，感谢探路队的全体同志！感谢西藏运输总队的领导和同志们！希望你们尽快将情况向上级汇报，早日把公路修到拉萨。"

任启明随即给慕生忠拍了一封电报：

"远看是山，近走是川，山高坡度缓，河多水不深，道路虽艰险，马车可过关。"

这振奋人心的消息，让慕生忠欣喜万分。

根据任启明的描述，说明经过实地勘探，修筑青藏公路的地质条件是完全具备的，"世界屋脊"上是可以修筑公路的。

在任启明率领的探路队出发后，运输总队又派王庭杰等人赶着两辆胶轮马车，各载 2000 斤物资，由香日德出发，也是沿着任启明的路线行走。1954 年 2 月王庭杰的胶轮马车顺利到达聂荣宗。

王庭杰汇报的情况与任启明的大体相同。

二、国所需　己所为

历史上清政府曾多次对西藏用兵，帮助西藏平定内乱和打退廓尔喀人的武装入侵，但由于解决不了交通和补给的问题，很难有军队能驻扎下来。直到近代，都始终未能制止西藏亲帝国主义势力的发展，也未能消除帝国主义觊觎西藏的野心。历史经验表明，进军西藏，只有解决交通和补给问题，才能站稳脚跟，实现祖国大陆的统一。因而，鉴于气候、道路条件等情况，中央决策部署由西南为主，辅以西北进军西藏时，毛泽东就明确指示："必须一面进军，一面修路。"

第二野战军司令员刘伯承、政治委员邓小平提出由西康、云南、青海、新疆四省对西藏实行"多路向心进兵"的建议，不仅能收协力合击之效，亦能相对缓解运输补给问题。

1950年1月15日，刘伯承、邓小平在重庆向张国华及部分师以上主要领导干部传达中央指示，布置进军西藏任务时，邓小平说：

"解放西藏有军事问题，需要一定数量之军事力量。但军事与政治比较，政治是主要的。从历史上看，对藏多次用兵未解决问题，而解决者，亦多靠政治、军事协同解决，还必须解决补给之公路。"

他还指出："补给问题本身也是个政策问题，能否解决得好，取决于执行正确的政策。"

他要求部队"要坚定不移地执行党的民族政策，不惜任何代价，解决好补给问题"，并确定"政治重于军事，补给重于战斗"的原则。

刘伯承强调，这次进军要进得去、站得住，保卫好边防，搞好

交通运输建设具有战略意义,他说:

"在进军的同时,要用很大的力量去筑路。西藏的公路建设要先纵后横,首先修通连接内地的战略纵深道路,尔后再以拉萨为中心向横的方向、向边境发展。只有这样,才能站住脚跟,建设西藏,保卫边疆。"

1950年5月,彭德怀在《关于进藏准备工作情况向中央的报告》中提出:

(1)根据青藏地区的自然条件,进军西藏亦只有采取先设站后进军,站站扎连,步步张营,梯次延伸前进的方针。因此,我们在不失去时效并兼顾到节省财力的原则下,决定1950年8月以前,以9个步兵营(5850人的劳动力)为基干,用3个月时间,完成下列三项工作:

①修通西宁至黄河沿间全长499公里公路。

②在共和县、大河坝各修建容纳650人的营房一所,濒临黄河沿修建容纳200人的营房一所。

③在大河坝修建容积为100万(斤)粮秣仓库一所。

(2)先派骑兵一个营(500人,550匹马),拟于6月中旬由西宁向玉树前进,估计8月以前可以到达。在西南军区先遣部队尚未到达昌都前,此一独立小部队或有被袭击之虞。因此,必须规定在8月以前,修通西宁至黄河沿间公路,使其与主力部队之间脉络相通。在补给与支援方面皆可取得有效的物资保证。此点现在就应确定,以便在冬季有所准备。

1950年12月9日，西南军区在给中央军委的电报中写道：

> 从玉树经黑河到拉萨线，比较从昌都经三十九族、太昭到拉萨要易修筑，因前者是高原脊背较平。据报，后者则山大河多，困难特多。……目前只修通甘孜到昌都段（或者再稍向前修一段）是可以的。

毛泽东于1951年1月4日在电报上加批语给周恩来和聂荣臻代总参谋长：

> 照西南局意见，玉树、黑河、拉萨线公路较易修，而西南则是修甘孜、昌都线，以西不修。请再研究，是否令西北修玉树、黑河、拉萨公路？

同一天毛泽东又在西北军区第一副司令员张宗逊"关于减派骑兵入藏问题"给军委的电报上给周恩来、聂荣臻批示：

> 修路是否有经费，如无修至日喀则的经费，可否令西北负责修至黑河？

1951年1月31日，周恩来总理指示西北军政委员会：

> 调查青藏线沿路情况，查明哪条线路最好修，全线有多长，需要多少工时和材料，要花多少时间等。

《关于和平解放西藏办法的协议》在北京签订后，毛泽东于1951年5月25日发布向西藏进军修路的训令，责成西北军区负责修筑西宁—黄河沿—玉树—囊谦—类乌齐—丁青公路和派人对敦煌—柴达木—黑河—拉萨线进行实地勘察，该线作为对西藏将来油料补给的预定线路。1951年5月25日，中央人民政府人民革命军事委员会主席毛泽东发布训令：

中央人民政府人民革命军事委员会训令

（一九五一年五月二十五日）

和平解放西藏的协议已于本月二十三日在北京签字，我人民解放军为保证该协议实现与巩固国防的需要，决定派必要的兵力进驻西藏，为此特决定如下：

一、进军布置

（一）西南军区之十八军除留两个师（五三师、五四师）于甘孜、昌都地区担任修筑甘孜机场与甘孜—昌都段公路任务外，五二师进军西藏任务不变。该师应以一个团进驻拉萨，两个团（缺一个营）进驻丁青、乌所、嘉黎、太昭地区，师部进驻太昭；另以一个营组成独立支队，由硕督地区出发沿雅鲁藏布江之贡布地区西进担任宣传与侦察任务。

（二）西南军区之十四军一二六团应由德钦地区进驻察隅地区。

（三）西北军区之骑兵支队应由玉树进驻囊谦地区，

并仍属西北军区建制。

（四）西北军区由新疆准备入藏之部队，除先头部队继续侦察到达郭大克（即噶大克）的道路外，主力继续修通公路以备随时进入西藏。

二、物资补给

（一）补给关系，除十八军与十四军入藏部队由西南军区负责补给外，骑兵支队仍由西北军区负责补给。

（二）粮食，除十四军一二六团与骑兵支队分由云南与西北军区负责补给外，十八军入藏所需之粮食应以组织牦牛、汽车等运输为主，并在当地购买一部分，不足数则由西南空司负责组织空投及其他办法解决之。

（三）修路，A. 甘孜—昌都—丁青—乌所—太昭—拉萨公路由十八军负责抢修，力争于明年年底完成。

B. 西宁—黄河沿—玉树—囊谦—类乌齐—丁青公路由西北军区负责修筑，并将黄河沿—玉树—囊谦段继续修通。

C. 敦煌—柴达木—黑河—拉萨线为我对西藏将来的油料补给的预定路线，应由西北军区派人进行实地勘测。

（四）机场，除十八军应迅速完成甘孜机场的修建任务外，并应在丁青一带先建一临时着陆场，在拉萨修建普通机场。

三、此次进军系在和平协议下的战备进军，各部万勿以和平协议已成而懈怠战斗意志与战斗准备。因协议虽然签字，但尚未付诸实施，同时帝国主义必会用各种阴谋手段来破坏我们和平解放西藏的实现，因此应提高警惕性，随时都有应付意外情况的充分准备；同时必须加强部队的政策纪律教育，以保证解放西藏巩固国防任务的圆满实现。

四、各部队接此训令后立即进行各项准备工作，并随时将准备情况报告军委。进军行动待军委进军命令颁布时实施之。

主席：毛泽东

应进藏部队的要求，朱德总司令写了题为《进军西藏，巩固国防》的指示：

（一）进军西藏，巩固国防，是光荣而伟大的任务。

（二）要做好行军的准备工作，衣食住行件件都计算得很周到。

（三）不怕困难，不怕险阻，管你崇山峻岭、雪山草地，我们可以逢山开路、遇水搭桥，没有人民解放军通不过的道路。

（四）团结友爱，互相帮助，大家动脑筋，大家出主意，什么困难都可以克服。

（五）要发扬人民解放军艰苦奋斗的精神，要保持解放军纪律优良的传统。

（六）帮助西藏人民是最光荣的，要尊重藏族同胞的生活习惯，学习藏语，并要谦虚谨慎、戒骄戒躁，和藏族同胞亲密相处。

（七）要有长期建军思想，练好武艺，保卫国防，搞好生产，保证给养。我们是一支战斗大军，又是生产大军。

（八）学会和自然作斗争的本领，多想办法，多出主意，多种粮食，多养牛羊，用我们辛勤的劳动逐步地把高原变成沃土。

同志们，努力吧！我们一定能够胜利地完成有历史意义的任务。

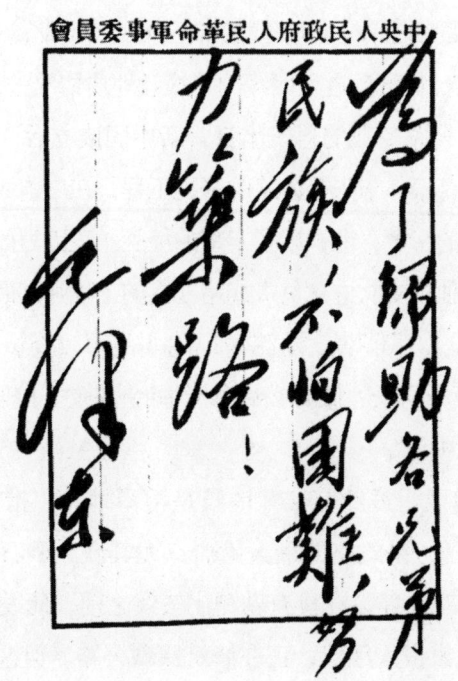

遵照毛泽东的《训令》和朱德的指示，西北军区于5月31日部署了勘测修建入藏线路的工作，以青海省军区为主，吸收青海省党政机关、西北交通部、军区后勤部工作人员组建青藏公路修筑委员会：①首先保证西宁—黄河沿的公路运输畅通；②即着手准备于1952年春开工修建玉树—黄河沿的公路，可能时向囊谦延伸；③组织勘测队实地勘测玉树—囊谦—类乌齐—丁青线，提出修路计划，所需技术人员由西北交通部派遣；④由一军调查柴达木—唐古拉—黑河—拉萨线路情况，准备勘测工作。第三军组织一个勘测队，实地勘测敦煌—格尔木线路，提出修筑计划。

1951年8月，十八军独立支队从兰州出发进藏时，西北军政委员会交通部派工程师邓郁清和部队的刘述祖、谭思聪两名测量员，随军担任公路勘测工作。邓郁清随部队从兰州出发，对途经的西宁、日月山、香日德、黄河源进入西藏的路线及地质情况进行了实地勘察。

邓郁清是公路专业的科班出身，新中国成立后，他先后参与了甘新、青新、青康、宁张等公路的修建工程，在中国西部的公路建设中贡献了自己的智慧，也积累了丰富的经验。正因为如此，邓郁清作为随同十八军独立支队进藏负责线路勘察的工程师是最合适的人选。

1952年夏，邓郁清就勘测情况向西南军政委员会交通部副部长兼公路管理局局长、康藏公路修建司令部政委穰明德进行汇报，邓郁清在电报中说：

所经过地区沿线约有2/3地段是沼泽地带（指黄河源的沼泽地——作者注），是筑路的最大障碍，尤其缺乏砂石、木材等筑路材料，施工困难。建议在没有勘测比较线之前，此线不采用。

此时，国家投入经费，正在修筑康藏公路。但这条线路地质情况复杂，经常需要开山凿石，工程难度大，有时刚修好的一段路，由于一场暴雨，就被洪水泥石流冲毁，还经常出现翻浆、塌陷事故，整个工程进度非常慢。修路指挥部一直想从西北再找一条较为便捷的进藏路线。然而，邓郁清的勘测结果认为：从青藏线黄河源沼泽草地的地质情况看，修路难度大于康藏线的开山凿石。

邓郁清完成勘测离开拉萨前，张经武对他说：我们远离后方，粮食供应十分困难。少数分裂分子要发动叛乱，妄图利用我们的困难，逼我们退出西藏。从西南雇牦牛，从西北用骆驼运粮到拉萨，一年只能往返一趟，其运费加损耗，一斤粮食比一斤银子还贵。你们随军由青海进藏勘测的线路，由于地质不良等原因，不能从那里修路，如能避过沼泽水草地，相信不难找到一条理想的线路。请西北交通部再派勘测队踏勘线路。

1952年底，邓郁清离开拉萨，从昌都经康藏线回到重庆，将勘测情况向西南军区副司令员李达以及穰明德作了详细汇报，并转达了张经武的意见。

听完汇报，李达沉默了片刻，然后严肃地说："你是搞公路建设的工程师，去年从西北进藏，今年经过康藏线到重庆，两条线路的情况你都看到了。从国防安全着想，应该从西北修一条公路入藏，那是从我国腹地伸向西南边疆最保险的大动脉，任何敌人都破坏不了。我不相信那样辽阔的地方就找不出一条理想的公路线。我们是管军队的，军事活动一刻也离不开交通。希望你回到西北以后，继续勘察，尽快从西北修一条公路入藏。"

邓郁清回到兰州后，向西北交通部作了汇报。

1953年2月，中共中央统战部部长李维汉主持会议研究青藏线路建设问题,参加会议的有统战部副部长徐冰、交通部公路总局局长潘琪,还有张国华、范明等人,会议最终仍因邓郁清等人勘测的线路沼泽太多、工程太大、不宜修筑等原因,被搁置下来。但会议同意了张国华、范明提出的另外勘测一条青藏公路新线的意见。

西藏运输总队成立后即承担了勘测一条新线路的任务。

国之所需,就是己之所为,慕生忠毫不犹豫地担起重任。慕生忠派出任启明和王庭杰两支马车探路队,经过实地勘察,终于探通了一条经格尔木向南,沿昆仑山进入可可西里,翻越唐古拉山,到达黑河的新的进藏路线。

有了实地勘察的科学依据,更坚定了慕生忠修路的决心和信心。

三、请命修路

两次进藏经历和两次马车探路情况,让慕生忠下决心一定要在"世界屋脊"上修筑一条公路。

慕生忠决定立即进京汇报。

1954年2月初,正是北京最冷的季节。时任中共西藏工委组织部部长兼运输总队政治委员的慕生忠,穿着厚重的军大衣,从青藏高原来到首都北京,找有关部门请求修筑青藏公路。

下了火车,来不及休息,慕生忠就先找到了负责处理西藏事务的国家民族事务委员会主任李维汉。当李维汉听说他的来意后,告诉他修路的事归交通部管,并派人带他去交通部。

交通部公路局局长接待了慕生忠。慕生忠直截了当地说要在青藏高原修一条公路,请交通部给予支持。听完慕生忠的话,局长露出惊讶的神情：

"在青藏高原修公路？这可是件大事！"

而当局长听完慕生忠的进藏经历以及大车探路的情况后，很为他的精神感动，对他的想法也很赞赏。

但是，公路局长告诉慕生忠，康藏公路已经被列为国家第一个五年计划的重点项目，正在实施中，人、财、物都集中到康藏路上去了，青藏线这边还没有列入计划，也没预算。根据康藏路的进展情况看，青藏公路第二个五年计划肯定排不上，列入第三个五年计划恐怕也有困难……

回到招待所，慕生忠躺在床上，想着局长说的话，心情十分沮丧。他叹了口气，坐起身，穿上大衣。他想出去走走。

刚到院子里，看到一个熟悉的面孔，几乎同时，两人都认出了对方："老范！""老慕！"

"没想到你也在这儿。"慕生忠紧紧握住了范明的手。

"我来开会。"范明高兴地说。

老战友相见，倍感亲切。一阵寒暄之后，慕生忠将他去交通部的情况一五一十地告诉了范明。范明也感到很惋惜。看着慕生忠难过的样子，范明突然想到一个主意：

"我们何不去找一下彭老总，也许还能争取一下。"

"对呀，老范。我怎么没想到。"

范明与慕生忠一起去找刚从朝鲜战场归来、时任国防部长的彭德怀。见到彭老总后，慕生忠将修路的想法和两次探路的情况向彭老总作了详细的汇报。因为有亲身经历和实地勘察，慕生忠在汇报时显得十分自信，他说：

"康藏公路沿线山大谷深,地质条件差,雨季容易遭受泥石流等地质灾害的侵袭,冬天大雪封山期间又无法通行,即使修成了,公路保养也很困难。相比之下,在青藏线修路,表面上看是位于高寒、高海拔的生命禁区,但是总体地势平缓,终年干燥少雨,公路的修筑和养护都比康藏线有利得多。"

他认为修建青藏公路可以分成三段进行,黑河到拉萨300公里比较好修,格尔木至可可西里300公里经过勘察也是完全可以修的。只有可可西里到黑河的一段修筑起来比较困难,中间需要翻越唐古拉山。

彭总听完汇报,转身走向占满一面墙壁的大地图,目光停在了青藏高原。慕生忠的心提到了嗓子眼。

良久,只见彭德怀用手从甘肃北部划到西藏南部,像决战前夕的最后决策一样,高声说道:

"这一带都还是空白嘛,从长远看,非有一条交通大动脉不可嘛!"

慕生忠拍手叫好:"老首长,你这一指头把我划灵性了,我只想着运粮,你是从战略上考虑问题,站得高,看得远。"

彭德怀拍板定案:"此路可修!"

彭老总接着问:"需要多少经费?"

"我想要30万,先修通格尔木至可可西里的300公里。"

慕生忠停顿了一下,接着说:

"能不能再拨给我10辆大卡车、10个工兵和一些工具?"

说完用期待的眼神看着彭老总。

"好,都给你,"彭老总干脆地说,"车辆、工兵由西北军区解决。

另外，再给你1辆吉普车，你总得跑路嘛！经费嘛，你们写个报告，我转呈总理。"

"太感谢首长了！"慕生忠高兴得笑了起来。

慕生忠从实地调查中得出的结论，赢得了老领导彭德怀的支持，他指示慕生忠，修一条自甘肃北部经过柴达木盆地和西藏拉萨直抵印度边境的公路，并指出"要以战略眼光完成任务"。

2月27日，一份请修青藏公路的报告转到了周恩来手里。周恩来详细询问了情况后说：

"青藏公路要修，它如人的手背，平坦易为，而且斩不断、炸不烂，非常保险。要急修，先粗通，然后再改善。康藏公路要修，但它如人手的五指，横断山脉，断一处就不能通车。为了战略上的需要，青藏、康藏两条公路并修。平时两条路都通车，万一断了一条，我们还有一条，修复断了的一条时，另一条还可以支援。"

周总理批准了青藏公路的修路报告，同意先修格尔木至可可西里段。中财委根据周恩来的指示，通知交通部从1954年的预备经费中拨付30万元（旧币30亿元）用于修筑青藏公路格尔木至可可西里段，路程约300公里，并明确当年只能用30万元，不得增加，在此经费内能修到哪里就修到哪里。

按照当时修建公路的最低标准，这30万元经费是少了点，然而，在新中国成立初期的困难时期，这30万元也是来之不易的。

此次进京得到了彭德怀、周恩来等国家领导人的支持，更加坚定了慕生忠修路的决心和信心。

带着国家的重托，慕生忠日夜兼程赶回青海，开始修筑青藏公路。

第四章　唐蕃古道筑路人

二十七亩菜园打破了"这里干活是要死人的"谎言。

烧红的铁条在镐把上烙出"慕生忠之墓"五个字。他说："如果我死在这条路上，这就是我的墓碑，路修到哪里，就把我埋在哪里，头冲着拉萨的方向，你们继续把路修到拉萨。"

这支由1名工程师、29名干部、1200多名驼工组成的特殊工程队，用大锤铁锹叩响了天路之门。

一、特殊工程队

两次进藏行路难的经历，驻藏部队缺粮的困境，以及运粮驼队历尽艰险付出的生命代价，让慕生忠坚定了修筑青藏公路，把汽车开进拉萨的念头。而进京请命修路，彭老总的支持，让慕生忠意识到了在青藏高原修路，不仅是要解决西藏驻军粮食的燃眉之急，更大的意义在于这条路将连通西藏与祖国内地，对西藏发展和新中国国家安全具有十分重要的作用。这种国家战略意义上的认识，化作慕生忠坚定不移的筑路信念，同时，他也感到身上肩负的重任。担起修路重任的慕生忠，对整个修路计划做了清晰、周密的工作安排。

慕生忠回到香日德，开始组建工程队。慕生忠任总指挥、任启明任副总指挥。曾进行过青藏线实地勘测的邓郁清作为最合适的人选，成为筑路队唯一的工程师。

1954年4月，慕生忠宣布，筑路工程队正式成立。工程队下设2个测量队、6个施工队和1个后勤保障单位。

筑路队的机构人员设置和职责划分如下：

    筑路总指挥：慕生忠
    副总指挥：任启明
    施工组负责人：张兆祥、宋剑伯、张炳武
    测量队负责人：邓郁清、何畏、杨景震、张震寰
    后勤供给负责人：朱飞、张启华、阎文义

    第一施工队队长：席上珍，指导员：马珍
    第二施工队队长：王庭杰，指导员：赵建忠
    第三施工队队长：尤忠，指导员：李秀成
    第四施工队队长：王德明，指导员：王仕禄
    第五施工队队长：包林，指导员：王志明
    第六施工队队长：杨秀峰，指导员：韩庆
    随队医生：王久平、王得民、雷普川、高志一、王

建邦

（因为没有留下文字档案，此机构人员名单是根据老同志的回忆而形成）

这是一支特殊的工程队。在这29名干部中，除了慕生忠、任启明这些经过枪林弹雨的老共产党员以外，第一施工队指导员马珍是回族同志，新中国成立前加入共产党，因为宁夏招募来的驼工多是回族，所以组织上特派马珍担任第一回族施工队指导员。测量队的杨景震和其他5个指导员都是从甘肃省委党校抽调出来的年轻干部。还有像张兆祥、尤忠等是起义或投诚的原国民党军官。

第二施工队指导员赵建忠，共产党员，曾经是牙含章领导的陇右游击队的骨干，出任驻班禅行辕（青海塔尔寺）的党代表，在甘肃省委党校学习期间被抽调而来。

张兆祥，甘肃静宁人，原国民党驻武汉部队上校团长，擅长驾驶汽车。与中共地下党有过密切接触。1951年进藏时，任骡子大队队长，进藏后任西藏工委工程建设处处长，1954年跟随范明护送班禅进京途中留下，参加公路建设。

宋剑伯，起义的原国民党上校参谋，文化程度较高。1951年进藏时被分在科学工作队，有"半个工程师"之称。

张炳武，起义的原国民党上校团长，1951年跟随十八军独立支队进藏时是随军参谋，进藏后，在交际处任科长。

测量队何畏，辽宁人，大学生，曾当过张作霖的宪兵，后随张学良到的西北。

第二施工队队长王庭杰，原是西安城防司令部的校级军官，

1951年进藏时,也是随军参谋。

后勤供给处的朱飞和张启华曾经都是杨虎城部下的军需官,朱飞当过工兵营长,懂工程知识,总管筑路队的物资。张启华在购买骆驼、运粮和修路时一直担任会计。

这些身份各异的人,因修筑青藏公路聚在了一起,他们跟慕生忠、任启明一样,有一个共同的特点就是"硬气"。正是有了这些有胆识、有骨气的硬骨头,才有了青藏线上可歌可泣的故事。

此外,慕生忠招募了1200余名驼工,这些驼工大多来自宁夏、陕西、甘肃、青海等地,他们成为修路的主要力量。

这1200余名驼工,20人被分配去了测量队,剩下的分配到6个施工队,每队200人,配备铁锹200把,十字镐200把,帐篷21顶,灶具若干件。指挥部为各队配备100峰骆驼,筑路工程队开始向格尔木进发。另外从西北军区调来的10名工兵在副连长王洪恩带领下,带着10辆大卡车、1辆美式吉普车和1500公斤炸药也在向格尔木集结。

这支特殊的队伍,带着帐篷,牵着骆驼,用大锤铁锹叩响了天路之门。

二、二十七亩菜园

1954年,春天,格尔木。

青藏高原的春天,春寒料峭。茫茫戈壁,只有干枯的骆驼草在风中摇动。

慕生忠带领由29名干部、1200余名战士和驼工组成的筑路队来到格尔木河畔。一夜之间，近百顶帐篷出现在这片荒原上。初建转运站时只有六顶帐篷的格尔木一下子热闹起来了。就是从这里开始，慕生忠带领着他的筑路队伍展开了修筑青藏公路的壮举，而格尔木也就此成为筑路的大本营、青藏公路的起点。

格尔木位于柴达木盆地中南边缘，海拔2780米。向东300多公里就是香日德，南边是可可西里。由于海拔高，施工队里有很多人都出现了高原反应。

工程队驻扎格尔木，生活比较苦，虽然有白面，但由于海拔高、气压低，蒸出的馒头都是半生不熟。一床被子，晚上当铺盖，白天用来捂锅蒸馍，还没来得及晒干，又冻成了冰毡。伙食一日三餐基本都是盐水煮面疙瘩，没有蔬菜，也没有任何副食。

这些招募来的筑路队员，大多是原来拉骆驼运粮的驼工。格尔木恶劣的气候条件和艰苦的生活，让一些人产生了离开格尔木的想法。有人悄悄溜出去，沿路去拽死骆驼身上的驼毛，捆起来，藏在铺盖下，准备背回家去卖钱。

慕生忠知道这一情况后，火冒三丈，亲自带人去查帐篷，查出了不少驼毛，清理出了120多人。慕生忠将马鞭子在手中一扬说道："你们想跑，我就放开让你们跑。不过得告诉你们，向西是大沙漠，罗布泊，不饿死冻死也得渴死；向北是当金山，你翻不过去，光那盐湖你就穿不过去；你们只能向南，向拉萨跑，现在就放开让你们跑。"

这件事情发生后，慕生忠也在想，如何留住这些民工，让工程尽快开工。

不久，又发生了一件事，又有些民工闹着要离开。

一个从绥远来的小伙子，姓梅，手拍胸膛，大声说：

"我是拉骆驼的，不是修路来的。昆仑山上根本不能劳动，一劳动就死人。"

小伙子是个火暴脾气，竟然指着慕生忠，说他"骗人"。

慕生忠喝了些酒，又在气头上，不由分说，让人把他绑了起来。

看到慕生忠怒气冲冲地回到帐篷里，大家都不知所措。这时，张震寰替梅姓小伙子松了绑，劝道："政委刚才喝多了，正在气头上，快去认个错，就没事了。"张震寰连哄劝带诈唬，没费多少工夫就将小伙子说服了。

小伙子来到慕生忠的帐篷道歉，慕生忠的酒劲也略微过去，清醒了许多。慕生忠叹了口气，对小伙子说："走，跟我出去走走。"

慕生忠手里提着酒壶，小伙子耷拉着脑袋跟在身后，两人默默无语，一直走到了河滩。格尔木河刚刚解冻，湍急的河水带着冰凌哗哗地向下游流去。

慕生忠回过身来，伸出手把酒壶递给小伙子。酒壶碰到小伙子的手，小伙子往后退了一步，慕生忠往前一步，又碰了一下，小伙子又后退一步，就是不接。一个将军，一个驼工，年龄相差一辈人，看上去却像两个玩耍恼怒后相互赌气的孩子。

"喝，你不喝就是还在生我的气。"慕生忠把酒壶举到小梅跟前。

小梅抬起头，看了一眼慕生忠，一脸羞愧地接过酒壶，抿了一口。

"好了，喝了我的酒，就不准再生我的气。刚才的事，是我犯了军阀主义错误。咱俩以酒解仇，一笔勾销，好不好？"

小伙子眼泪汪汪，望着慕生忠那被风沙抽打得跟驼工一样又粗又黑的脸，扑通一下跪在地上，哭着说："政委，是我的错！都是我的错！"

这两次事件让慕生忠深深感到，要想办法做思想工作，留住这些驼工。

慕生忠将这些闹着要走的驼工集合起来，对他们讲：

"大家一定要回家，我也不强留了。这地方确实太苦了。可是呢，大家都能回家，我就不能。为什么？大家知道，我是解放军的军官，共产党的干部，骆驼死了，民工跑了，粮食运不过去，西藏的人饿肚子，我再回家就是罪人，所以我不能回去，我要留下来自己养活自己。这格尔木有水，土质好，我从兰州带了点萝卜籽，临走以前，请大家帮我一点忙，开一天荒，把萝卜种上，只一天，种完就让大家回家，行不行？"

这番话入情入理，很动感情，驼工们纷纷答应："行！"

第二天一大早，120多人编成9个组来到荒滩上，挥锹开荒。这里土质松软，杂草不多，很快，就开出了一大片地，种上了萝卜。驼工们只顾开荒种萝卜，竟然把"一劳动就死人"的事全忘了。

傍晚收工时，慕生忠派人丈量被开垦的土地，整整27亩。驼工们披着棉袄，拄着锹，看着一天的劳动开垦出的平平展展的土地，也很兴奋。

"大家辛苦了。整整27亩，平均每人开荒3分。这是格尔木有史以来的第一块良田，咱就叫它'27亩菜园子'。将来咱的子孙们会记下你们今天的功劳。"大家听了兴奋得笑了起来。

慕生忠停顿了一会儿，话锋一转：

"谁说昆仑山上不能劳动，一干重活就死人？今天这活不轻嘛，谁个病了？谁个死了？没有，都好好的嘛。小梅，你说说，这里干活要死人吗?"

之前跟慕生忠耍脾气的小梅咧了咧嘴,不好意思地挠了挠头,众人哄笑了起来。

慕生忠继续说:"修路跟开荒差不多,也就是动镐动锹嘛,有什么可怕的?现在我宣布:一个也不准走,都留下来跟我修路。咱们同甘共苦,一起在昆仑山上修一条公路。这是历史上还没人干过的一件事。不平常的事业,就是咱们这些平平常常的人干出来的。咱们要用自己的双手,在世界屋脊上开辟一条平坦的大道,把格尔木建设成一座美丽的花园!"

三、"为祖国干一件好事"

修筑青藏公路,慕生忠非常清楚摆在他们面前的困难,深知自己肩上的担子有多重。

首先,自然环境恶劣。青藏线平均海拔 4000 米,每年冰冻期 270 天;年平均气温零下 6 摄氏度,极值低温达零下 40 多摄氏度;8 级以上大风日年均 120 天;空气稀薄,大气中含氧量仅为 50%。海拔越高,人的高原反应就越严重,即便什么都不做,也会头痛恶心、胸闷气短。从事高原施工的大体力消耗,更是会面临生命的危险。用力过猛,就会出现身体虚脱,甚至昏倒的情况。夏季紫外线强,容易灼伤皮肤,还要遭受蚊虫叮咬;冬季寒风呼啸,吹得人站不住脚,风吹在脸上像刀割一样疼痛难忍。高原天气变化无常,本来是晴空万里,瞬间便降下了冰雹和大雪。昼夜温差大,由于施工路段无任何遮挡,白天承受着烈日炙烤的煎熬,晚上帐篷里却冷得像冰窖一样，难以入睡。在这种恶劣的自然条件下，施工队员承受的这种痛苦和艰辛是常人难以想象的，它不仅是对人的体力和意志的磨炼，也是生与死的考验。

其次，给养保障困难。周总理批准的这 30 万元经费，仅仅用于修路都是很紧张的，而且还出现经费到账延后的情况。每修一里路，都要精打细算。由于经费紧张，后勤供给非常有限，施工队配备的是单层帐篷，日常饮食只有面粉和黄豆，没有蔬菜和食用油。

第三，施工机械设备缺乏，工具简陋。施工队仅有 10 辆卡车和 1 辆吉普车，施工工具主要是铁镐、铁锹和柳条筐。规划施工路线时，常常是负责勘测的技术人员先向前勘测一二百米的距离，然后堆上一个大土包作为标记，筑路队循着土包的方向向前推进。

第四，筑路队员对于高原修路存在恐惧心理。人是修路的决定因素。整个施工队只有邓郁清 1 名工程师和 10 名工兵，其余都是从宁夏、甘肃、内蒙古、青海等地招募的驼工。这些驼工原本只是拉着骆驼运送粮食，对于修路没有任何经验。当得知要在这样恶劣的自然环境里干修路的体力活时，恐惧让他们想要离开。

慕生忠用开垦 27 亩菜地的事实教育了大家，在高原是可以从事体力劳动的，消除了大家对于修路的恐惧。慕生忠用他的智慧留住了这 1200 余名驼工，这 1200 余名驼工为修路做出了巨大贡献。

尽管困难重重，但慕生忠始终有一个信念，他坚信一定能修出一条通往拉萨的公路。他曾说过："人都免不了一死，但人的死大致有三种，无非是老死、病死、战死。我不愿意躺在床上慢慢老死、病死，而愿意死在战斗的岗位上。"

在战争年代，慕生忠浴血奋战，九死一生，身上留有 20 多处伤痕，这些都没能吓倒他。现在，面对环境恶劣、设备短缺和人心不稳的情况，慕生忠果断决定召开动员大会，鼓舞士气。

这一天，天气格外晴朗，阳光照耀着高原大地，筑路队员们整齐列队，像出征的战士。一千余人的动员大会，虽说不上壮观，但庄重、严肃的氛围感染着每一个人。

动员大会上，慕生忠铿锵有力地说：

"我们的南边矗立着雪山，旁边是清清的河水。经常袭击我们的是西北风，摆在我们面前的任务是战胜高山河流。不要看我们是一些平凡的人，不平凡的事业是由平凡的人创造出来的！"

"我们要用最快的速度，在世界屋脊上开辟一条平坦的道路，这是历史上没人干过的大事。青藏高原，咱拉骆驼走过，骆驼死了，可人都好好地回来了，这里可以生活，可以劳动。"

慕生忠用烧红的铁条在镐把上烙出五个字："慕生忠之墓。"他说："如果我死在这条路上，这就是我的墓碑，路修到哪里，就把我埋在哪里，头冲着拉萨的方向，你们继续把路修到拉萨。"

最后，慕生忠攥起拳头说："我和大家一起，同甘共苦，咱把路修成，也算为祖国干一件好事。"

第五章　问道昆仑

　　艾吉沟给筑路队出了难题,也让筑路队清醒了,要完成修路任务,也要爱护自己的身体,从此,艾吉沟变成了爱己沟。爱己沟的名字流传了下来,曾经作为一个地标名称被印在地图上。

　　工程师不仅是工程线路的设计者,也是整个工程质量的把关人。邓郁清,一名公路专业出身的旧知识分子,也是筑路队唯一的工程师。性格沉稳清高,甚至有些固执,但他尊重科学,严谨求实。在遇到新问题新矛盾时,慕生忠坚定的信念和队员们克服困难、拼搏实干的精神,使他终于明白这条路一开修就把军人的使命和国家的命运连在了一起,西藏目前需要的不是一条等级公路,而是一条救命的通道。

　　修筑天涯桥,邓郁清与慕生忠结下了生死之交。

一、艾吉沟与爱己沟

慕生忠要用最短的时间、最快的速度,修出一条"急造公路"。根据紧迫的形势和施工条件,制定了"先通车、后改善、再提高"的施工计划。"先通车"以解燃眉之急,"后改善"以保畅通无阻,"再提高"成为正式国道。这符合当时实际情况并具有远见。

慕生忠把修筑青藏公路的战略指导思想总结为四个字,一气呵成,并要求整个施工过程必须以军事指挥和军事行动作为保证。慕生忠与工程技术人员根据地势、线路走向和施工条件,将全线分为几个大段,每个大段又划成几个小段,分配到各施工队,要求各队按指定地段在规定的时间内完成任务。筑路队员全部身着军装,整装待发。

1954年5月10日,两个施工队留在格尔木,四个施工队从格尔木出发,前往32公里外的昆仑山下的艾吉沟。11日,艾吉沟和格尔木两处工地同时破土动工,修筑青藏公路的大幕就此拉开。

格尔木到艾吉沟的路段相对比较开阔平坦,地面是比较坚硬的沙石,虽然有河水冲出的沟沟坎坎,但只需稍加平整即可完成。此段工程每天以6公里的速度向前推进,5天就完成了任务。工程首战顺利。

完成此段任务的第五工程队和第六工程队,分别向前开进到60多公里以外的雪水河和纳赤台。

但艾吉沟路段的修筑却遇到了困难。

艾吉沟是蒙古语发音,起初,为了记住这个地名,队员们听说慕生忠在战争时期曾有个响亮的名字叫"艾大胆",因"艾"字发音相同，容易记住，所以队员们也把这里叫"艾家沟"。

艾吉沟位于昆仑山下，在柴达木盆地的边缘，从昆仑山倾泻下来的格尔木河便是从艾吉沟沟口流出，流入格尔木。艾吉沟海拔3150米，沿沟向前，巍巍昆仑，山峦纵横。格尔木河贯穿其间，河水的冲击力将两岸的山石削成陡壁，沟深十几丈，沟底便是河床。

公路要穿过艾吉沟，依据地形和山沟情况，必须先从沟口的山崖上下到河滩，绕一个近70度的弯，再向上攀爬到达对面山崖。要完成这个线路，筑路队员必须要在岸边的崖壁上开挖出一条长200米、宽8米的斜坡公路。

崖壁经过河水多年的冲刷，黏土、石块、沙子紧紧地凝结在一起，形成异常坚硬的砂碛石，西北人叫它燎焦石。这种岩石硬度非常大，连炸药都发挥不了威力，一炮响过，炸不出多大面积。况且炸药有限，不能完全依靠炸药。

简陋的施工工具

筑路队员们只能用十字镐刨，铁锹根本挖不动。即便用镐刨，任你臂膀甩得再圆，一镐下去，迸出火星，也只能挖进一寸见方，留下核桃那么大的一个坑。连续干了3天，双手虎口震裂了，流出了鲜血，崭新的十字镐磨秃了，把柄折断了，但工程进展却很缓慢。

原计划八天拿下的艾吉沟路段，因开凿崖壁增加了施工难度，迟迟不能完工。如此出师不利，慕生忠看在眼里，急在心上。为了保证工程的进度，他重新调整施工队伍，决定集中力量开展一场攻坚大会战。

参加会战的有三个施工队：马珍的第一工程队，王庭杰的第二工程队，王德明的第四工程队。划好地段，设定指标，开展劳动竞赛，优胜的队将获得一面红旗，外加每人五元的奖金。于是，在这人迹罕至的艾吉沟两岸，三个工程队展开了一场热火朝天的劳动竞赛。

打钎

5月的艾吉沟，天气转暖，太阳升起后，光照强烈。此时正逢干燥无雨期，天天都是艳阳高照。施工路段全线暴露在阳光下，无任何遮挡。

工程队的小伙子们头顶着烈日，袒胸露背，抡圆了臂膀，将一腔血气倾泻在岩石上。叮当叮当……镐头的敲击声像急促的鼓点一样紧密，伴着人们"嗨！嗨！"的呼号，汇成了一曲高亢的进军凯歌。

在紫外线的强烈照射下，队员们的脊背和双臂被晒爆了皮，手被磨破，随便包扎一下继续抡锤挥镐。镐磨秃了，就在牛粪火上烧一烧，镐对镐锻打一下接着干。

白天，大家你追我赶，奋力挥镐，生怕自己的施工队落在后面。劳动竞赛的激情和干劲减轻了队员们对疼痛的感觉。可到了晚上休息时，皮肤灼伤后的烧疼，用力挥镐的肩酸背痛，手掌磨破的钻心疼痛，折磨得人难以入睡。

更麻烦的是这条沟里蚊子特别多，白天干活还好，晚上蚊子钻进帐篷，很多人被蚊虫叮咬。由于缺少药水，加上汗水的浸渍，有的人被蚊虫叮咬过的皮肤出现红肿，甚至溃烂。

由于物资缺乏，施工队的生活条件也是非常艰苦。队员们一日三餐吃的都是盐水煮面疙瘩，有时锅里还会掉进几只蚊子。

白天的超体力劳动，晚上的蚊虫叮咬，再加上寡淡无油的饭食，队员身体开始出现不适，有的甚至出现了水肿。一些人染上了一种怪病——小腿上生起一块一块的紫斑，严重的蔓延到了大腿，斑块肿烂流出脓血，痛得人直叫喊，让人酸楚揪心。

随队医生检查了一下，光重病号就有90多人，医生也弄不清楚是什么病。随队带来的药品也只是常规用药，医生只能根据经验尝试治疗。队员们腾出一些帐篷作为临时病房，医生将病情较重的病人集中收住，帮他们挤出脓血，涂抹些消炎药水，让他们晒太阳，想借助紫外线来杀菌消肿。

慕生忠知道后,来到帐篷病房逐个查看。看到队员们染病的双腿,他感到无比的心疼和焦虑:修路这才刚刚开始,照此下去,能有几个人活着到拉萨?

慕生忠到处打听这是什么病,但没人能给他解答。

天无绝人之路。在格尔木队员们开垦的27亩菜园子里,4月初撒种的萝卜,经过一个多月的生长,已经长到鸡蛋那么大了。负责管理菜园的刘奉学和魏承淑听说施工队在艾吉沟开展劳动竞赛,搞得热火朝天,他俩坐不住了,想去看看大家。

这天,刘奉学和魏承淑装了半车萝卜,送到工地,让大家尝尝鲜。慕生忠命令将这些萝卜分给病号吃,每人每天发4个。自从离开格尔木,已经很多天没有吃到蔬菜了。病号们见了这绿叶鲜果,连根带叶生嚼下去。不久,病号的腿奇迹般地消肿了。看到这个情况,医生王得民恍然大悟:原来队员们得的是败血症。

王得民提醒慕生忠:"你算算,这些队员多长日子没吃过新鲜蔬菜了?他们每天超负荷从事体力劳动,吃的是白水煮面,长期吃不到新鲜蔬菜,严重缺乏维生素,才导致身体浮肿溃烂。"

慕生忠一下子明白了,高兴地说:"是这天鹅蛋把咱的病给治好了。"(西北人把这种水萝卜叫"天鹅蛋")

"看来这新鲜的东西里面有'适应素',吃了能适应高原生活。"

慕生忠风趣的语言,让多日来压在大家心头的焦虑、揪心,甚至恐惧都消散了。

慕生忠让刘奉学和魏承淑再运一车"适应素"上来,补充大家的维生素。由于萝卜数量有限,慕生忠决定,先将萝卜分给一线施工的民工，干部先不分。

没想到，民工们听了坚决反对，他们说，干部们干活的时候带头冲在最前面，他们最辛苦，大家都看在眼里，水萝卜必须有他们的一份。民工纷纷匀出自己的萝卜往干部的手里塞。

这感人的一幕后来很多人回忆起来都记忆犹新。民工也好，干部也罢，大家在劳动中结成了最深厚的情谊。

恢复了身体的队员很快就又回到了工地，继续紧张的施工，但这件事让慕生忠意识到，只有让队员保持健康的身体，才能把路修到拉萨。过去运粮，把骆驼看得比人重要，人只是拉着骆驼往前走，而现在是修路，是要干体力活，身体的消耗很大。而且，从格尔木出发，每前进一百公里，海拔就要升高一千米，空气中的含氧量则会减少百分之十。在这种恶劣的环境里从事重体力劳动，是对人的身体的极大考验，如果再不注意队员的身体问题，后果将不堪设想！想到这里，慕生忠感到深深的自责。

慕生忠随即召开全体人员会议并宣布：从此不再搞会战和劳动竞赛，不能累垮大家的身体。他强调身体是本钱，比什么都重要，只有吃好、睡好，才能干好。

他建议在医生指导下制定一些劳动生活纪律，譬如，晚上睡觉枕头垫高，防止窒息；尽量少洗脸，涂抹点酥油，以保护皮肤；白天干活不能用力过猛；休息时尽量减少活动，晚饭不要吃得过饱等等。

这件事让慕生忠改变了思想，切实认识到人的重要性。他说，艾吉沟给我们出了难题，也让我们清醒了，要完成修路任务，也要爱护自己的身体，我们不如叫它爱己沟。

这样，爱已沟的名字流传了下来，曾经作为一个地标名称被印在青海省的地图上。这个地方现在叫南山口，遗憾的是爱已沟的名字已经被人们遗忘了。

出爱已沟不远，进入一道曲折深邃的峡谷。峡谷流淌着一条湍急的河，是格尔木河的支流，河宽近百米。

冰雪开始融化，水面还不时地漂着一些浮冰。河水从这崎岖的峡谷里流出来，即便是最热的七八月天，河水也是冰凉透骨，因此，这条河被人们叫作雪水河。

公路设计要沿河穿出峡谷，筑路队员又开始了凿壁开路的战斗。

奋战雪水河

有时队员们需要站在冰冷的河水里，刺骨的河水冰得人浑身打战，队员们分成几组，轮流下河，咬着牙坚持着，最终比预计时间提前7天完成施工任务。

拿下了雪水河工程，整个施工队伍向南一线拉开。下一路段的施工，采取轮番分段推进的战术，即南北两头同时施工，打通线路，中间汇合。因此，马珍的第一工程队就要开到170公里外的昆仑山以南，由南向北施工。马珍的施工队出发前，只带了20天的口粮，这也就意味着，南北两个施工队必须在20天内打通这中间的170公里线路，这样马珍的第一工程队才能得到给养。

二、工程师邓郁清

修筑青藏公路，经费和物资是必要的物质保障，但在青藏高原复杂艰险的地形条件下进行道路施工，对工程技术也有特殊的要求。因此，工程设计师的人选是非常重要的。

在组建工程队时，慕生忠就想到了一个人，这就是在1951年随十八军独立支队进藏并负责沿线勘察的工程师邓郁清。

邓郁清，福建人，七八岁时，父母相继去世。后来只身跑到广州靠打杂工度日。因自幼喜欢画画，闲余时间都在写写画画。邓郁清有一个叔伯，见他喜爱并专心画画，便资助他上了美专。后来他考上福建龙溪工业专科学校公路系，1935年毕业后去漳州工作。

1936年邓郁清来到西安，在马步芳主持修建西宁至玉树公路的时候，邓郁清作为工程师之一到了青藏高原。在负责修建河卡山上的盘山公路时，他带领藏汉民工，在缺水缺氧的高山上苦战了半年。一次，在指挥爆破作业时，被飞起的乱石击中了右眼。几经辗转回到兰州治疗，但由于伤势太重且错过了最佳治疗时间，右眼彻底失明。

新中国成立后，邓郁清成了兰新公路永昌养路段的一名工程师。他先后参与了甘新、青新、青康、宁张等公路的工程设计，在中国西部公路建设中是一位经验丰富的工程师。正因为如此，当时西南局派遣邓郁清随同十八军独立支队进藏并负责勘测一条从青海进藏的工程线路。

1951年，慕生忠在进藏途中第一次见到了邓郁清。在香日德，邓郁清被编入科学工作队，该队虽然有20多个人，但真正搞工程技术的就他一个，另有两个测绘员。

科学工作队的队长叫李林初，是范明的历史老师。张国华的老师张一棠也在科学工作队。张一棠曾留学日本，因年龄最大，大家亲切地叫他"张大哥"。

张大哥满肚子学问，就是骑马技术不太好，又是个深度近视，一路丢三落四，闹了不少笑话。每天早上出发时，张大哥总是想不起解开马绊，在别人的提醒下，也常常是解了后绊忘前绊，或者解了前绊忘了后绊。

邓郁清新中国成立前就学会了骑马，骑马对他来说不成问题。但邓郁清比较腼腆，性格内向，不爱说话。一开始，大家互不认识，谁也不知道他是工程师。

在行军途中，因为邓郁清要负责勘察任务，所以他不时地要离开队伍，去远处察看。其他同志见他总是擅自离队，便批评他不遵守纪律，他既不辩白，也不理会，照样做自己的工作。

为了解决燃料问题，行军途中，大家要捡拾干牛粪，以便宿营时烧火做饭，这是每天必须完成的任务。

因为要勘测线路、察看地形、做记录，邓郁清总是走走停停，常常落在队伍后面。等他工作完沿路走过去，牛粪已经被前面的人捡走了，轮到他时哪里再有？他装牛粪的袋子经常是空的。

晚上开饭时，他就自觉地不去吃饭，打开铺盖睡觉。有的同志批评他，说他闹情绪，邓郁清感到十分委屈。

后来大家才知道他是工程师。

邓郁清跟随十八军独立支队进藏走的是黄河源一线，那里多沼泽，不具备修路条件。所以，经过实地勘察和科学判断后，邓郁清在给西南局穰明德汇报勘测情况的电报中说这条路沿线有 2/3 的地段是沼泽地带，建议"在没有勘测比较线之前，此线不采用"。

慕生忠第一次进藏仅是见过邓郁清一面而已，修筑青藏公路，慕生忠认为邓郁清进行过实地勘测，熟悉青藏高原的地质环境，是最合适的工程师。于是，慕生忠一方面向上级组织要求派邓郁清担任工程师，另一方面亲自给邓郁清写信，请求邓郁清来协助修路。

1954 年 5 月的一天，邓郁清接到了西北局的一纸调令，要他三天之内到兰州西北交通局报到。到了交通局，霍维德局长把慕生忠的信交给了他。信中这样写道：

邓郁清工程师：

我已接受中央交给的修青藏公路的任务，因此我想到了你。只有你才能完成此项任务。这条路不比 1951 年进藏的路地势平坦，但地质良好，过的河现在涉水都能过去。

有人说修路不费什么劲，我没有经验，只有你才能拿定主意。已向组织商调你，希望你能拿出1951年进藏的精神接受任务，尽快来全面主持技术工作。

慕生忠

邓郁清知道这次任务绝不轻松，他把信看了两遍，在心中反复掂量着，想到旧社会在青藏路上的遗憾，想到出藏时张经武、李达跟他说过的话，邓郁清决定：再上高原。

邓郁清到格尔木时，工程已修到雪水河。慕生忠和副政委任启明特意从工地返回格尔木，迎接邓郁清。

见到慕生忠后，邓郁清才知道中央虽然批准了修筑青藏公路的计划，但是由于经费和人力、物力所限，整个工程没有一个正规的测量队和专业的施工队，施工人员竟然是些驼工。他的心一下子凉了半截，这么大的工程怎么会只有他一个工程师？这完全不符合常规，他犹豫了。

慕生忠看出他的心思，便单刀直入地对他说：

"工程师同志，你在1951年进过藏，对西藏情况比较熟悉。修青藏公路，我们是没有一个正规的工程队，但是我们有决心修出一条路，我们必须修出这条路，否则我们在西藏的同志就会吃不上饭、穿不上衣。这是关系到西藏前途和国家安危的头等大事。还有什么比这更重要的呢？"

邓郁清争辩说："政委，你急于修路的心情我是理解的，但修路毕竟是一门科学，仅凭热情和干劲是不够的。不测量就施工，是没有把握的……"

慕生忠说："我们这次修路虽然不合常规、不合基建程序，但并非我们执意要那样做，而是形势所迫，时间不允许啊！如果我们按常规办，先勘测后设计，然后经过审批再施工，这样一来，起码二三年过去了。我们不是想蛮干，也不是不相信科学，现在按常规办事不能解决现实问题，我们只好打破常规。"

见邓郁清还是坚持己见，慕生忠坚定地说："靠驮运不仅完不成运粮任务，而且人和牲畜付出的代价太大了，只有修路才能解决问题，别无他路。"

任启明也说道："我们赶着大车探路也是形势逼出来的。"

最后，慕生忠恳切地说："形势所迫，时间不等人。我们请你接受这个任务！我只有一个要求，就是尽快修出一条'急造公路'来，工程由你做主，责任我来承担。"

邓郁清终于被他们强烈的事业心和责任感感动了，他决定留下来。

在邓郁清的建议下，三人制定了切实可行的施工原则，即先求粗通，再在粗通的基础上，分期分段改善，维护正常通车。"粗"是为求快速；"通"是关键，是目的。邓郁清强调：工程质量必须以能经受汽车荷载5吨、时速20公里安全通过为竣工验收标准，达不到此标准必须返工。为了达到"快速粗通"，原则上尽量就地绕行，不做大的填挖，他们将这一原则编成口诀，"宁可多走十里路，不能多挖一方土"。

此外，邓郁清还逐条制定了施工细则：

  1. 路基工程，原则上不做大的填挖，但车道中心 3 米以内必须填补夯压坚实，有条件的地段要加铺 2.5 米砂砾路面。

  2. 路基的坡度一般不得大于 10%，平曲线半径不得小于 15 米。路基的宽度在平原和丘陵地带为 6 米，越岭线及傍山道可减为 4 米，但要尽量利用地形加修避让车道。

  3. 由于材料缺乏，尽量不修桥梁和涵洞。如果非架桥不可，必须由工程师现场设计、指导施工。如遇特殊情况则做特殊处理。

  4. 由于炸药数量有限，开山工具不足，尽量避免石方工程。

  邓郁清规定，不论工程大小都要事先制订一个具体实施方案。这对于没有设计图纸作依据就进行施工是十分必要的，否则容易出现问题。从长远考虑，为减少浪费，邓郁清在选择线路时，除个别地段为了避免巨大石方工程进行绕道外，一般都在正线上进行施工。同时对已修路段，进行一次全面检查，凡不符合规定要求的，责令原施工队负责返工。

  邓郁清跟着慕生忠来到了正在施工的雪水河工地，看到热火朝天的筑路景象，被筑路队员的忘我精神感动了。

  邓郁清看到测路员打弯道时，用木杆扎成汽车大小的方框，四角抬起，正前方一人模拟驾驶员的姿势作驾驶状，方框随行，绕过山梁，不一会儿再绕过来，反复数次，然后定下一个标准。邓郁清认为这种方法很不严谨，要求重做。但是测量队员告诉他，这样做是不得已而为之，因为测量队只有罗盘仪、水平尺、计算尺、曲线表4件简单的测量仪器，连一架必需的经纬仪都没有。而且测量人员中，只有张震寰一人懂一些测量知识，朱飞、宋剑伯、何畏等人虽然都曾带过工兵，搞过一些军事工程，但没有修过真正的公路，测路队只能在实践中不断摸索前进。

在了解了情况后，邓郁清内心被深深触动了，一面是筑路队员如火如荼地拼搏，另一面是缺少基本的技术力量。他终于明白这条路一开修就把军人的使命和国家的命运连在了一起，西藏目前需要的不是一条等级公路，而是一条救命的通道。他终于理解了慕生忠为什么要迫切地修这样一条"急造公路"，也深切感受到在如此艰难的施工条件下，哪怕只有一个工程师，也是极其宝贵的。

三、"天涯桥"上生死之交

过了雪水河，地形越来越复杂，对技术要求也越来越高。

从格尔木向南73公里，是达布增河和嘎果勒河的交汇处，河床在这里跌入地面之下。奔涌咆哮的河水将河谷的千板岩撕开一道缝，形成陡峭的深涧，呈"八"字型的上窄下宽状态，涧深40余米，宽度约8米。涧底河水奔涌，轰轰作响，声如闷雷，向下看去令人头晕目眩。深涧两岸，绝壁相对，巉岩嶙峋。

这条深涧挡在了面前，成了一大险关。之前任启明探路到达这条深涧的时候，是将马车拆解后沿着仅能过人的小道抬过去的。要让汽车通过必须在这条深涧上架桥。

邓郁清和慕生忠来到了架桥工地。邓郁清仔细认真地观察地形，勘察地质，精准测量，确定了最合适的架桥位置，开始架桥的准备工作。

施工队员被分成两组，一组在崖上打眼放炮，另一组修筑桥梁引道。打眼工作十分危险，队员腰间系着绳子向下20多米悬吊在半空中，用脚蹬着崖壁作为支撑，一手掌钎，一手抡锤，在坚硬的岩石上凿出炮眼，若稍有闪失便会坠入深涧。工兵副排长王洪恩带领由10名工兵和10多名石匠编成的工兵连，辛苦10多天完成了在崖壁上打眼爆破的工作。

崖边的工棚里整齐地摆放着木材和少量钢筋铅丝，这些架桥材料是专程从兰州运来的。这些木材中只有9根东北松木，每根长9米，其他的都是杂木，而且都是三五米的短木。

邓郁清经过仔细测量和计算后，确定桥面跨度最少12米，也就是说，需要单根12米长的木材做梁，可是现有的木头最长的只有9米。要得到12米长度的大梁，只能拼接木头。拼接木头必须要用桥钉、螺栓和铁夹板，可是这些最基本的构件都没有，因此，接木做梁的方法行不通。

前期准备工作基本做好，但梁木问题还没解决。巧妇难为无米之炊，没有合适和足够的架桥材料，邓郁清也犯难了。

邓郁清对慕生忠说："赶紧派人下兰州备料。"

"不行，再快的速度也来不及。三天之内必须把桥架好，否则，就会延长与马珍施工队会合的时间，他们就要饿肚子。"慕生忠不同意。

"老邓，你再想想办法，三天之内我们必须要把桥架好。"慕生忠恳切而又坚定地望着邓郁清。

三天时间修一座桥,谈何容易!但军令如山。邓郁清深知慕生忠的脾气,说出的话绝难更改。他只能想尽一切办法解决问题。

慕生忠将自己的警卫员白生孝留下来照顾邓郁清,以便他能专心攻克技术难关。警卫员不放心慕生忠,慕生忠说:

"工程师比我重要。至于我,没有什么不放心的,我有这个,没问题!"他拍了拍别在腰间的手枪,一个人去查看其他工地了。

面对目前碰到的架桥技术难关,邓郁清心急如焚,更是吃不下饭,一支接一支地抽烟。晚上,他和衣躺在帐篷里辗转反侧,想出一个个方案又被自己逐个推翻。终于,他想到了用压缩跨径的办法来解决梁木长度不够的问题。

要做到压缩跨径,一种办法是在引道下口1米多的余地上砌上石台,但是没有水泥和石灰,附近也找不到一处能打料石的石场;还有一种办法是降低桥梁高度,然而这需要重新改修两边的引道,石方工程又十分巨。两种办法都有困难。

第二天一早,邓郁清召开技术人员会议,他提出了压缩跨径的方案,但关键难点是压缩跨径必须在不降低桥梁高度的情况下完成。怎么才能不降低桥梁高度呢?他希望大家出谋划策,在保持桥梁高度上做文章。

"能不能把引道下方岩石的边缘凿平,打上一排桩架,作为桥梁立柱?"一位技术人员说。

"问题是如何固定住这些立柱?"有人立刻提出了疑问。

大家你看看我,我看看你,想不出办法。

一阵沉默之后,一位姓郝的石匠说出了他的想法:不做桩架,而是在涧口两边的石壁上凿出倾斜的石窝,斜插两排木头作为桥桩,将9根圆木稳稳托起,再将桥桩上部与横梁固定,然后再顶着倾斜的木桩筑砌片石起到力的支撑作用,这样,斜拉木桩就会非常牢固,而两岸崖壁也会各向涧心收窄几米。

邓郁清恍然大悟,这正符合勾股定理。他当即在一块木箱上画了个草图,让王洪恩带领工兵去定桩位。

没有经纬仪,就用皮尺按3∶4∶5的比例在引道中心线上定出直角三角形,测出两岸桩位线。桥桩以每排5根、间距1米的设计插入石窝,深度为80厘米。

桥桩与横梁采用接榫加蚂蟥钉的方式进行连接固定,并用铅丝拉住桥桩,埋固于桥台背后,桥头筑砌厚厚的片石作为护坡。为了防止桥面因受力或气温骤变可能出现的晃动或位移,减小挠度,加设了托梁及斜撑,确保了桥桩的稳定和坚固。

连接桥面横梁与桥桩时,先分别在梁和桩上钻个洞,用截下来的钢筋从洞中穿过并平弯过来,再用铁锤将钢筋砸平,替代了固定木头的铁夹板和螺杆。

三天三夜,邓郁清和工兵们连续奋战,困了就打个盹儿。

整整三天,桥架起来了!9根松木整齐地架在山涧口上,两侧被斜插进崖壁石窝中的五根木桩稳稳撑起。两岸崖壁向涧心收窄了3米,9米的圆木恰好搭在上面。

这座在"进藏咽喉"上修建的木桥,是邓郁清和工兵、石匠们在缺乏合适的材料和桥钉、夹板等零件的情况下,依据科学和经验架起来的。

仅仅三天时间,一座木桥飞架在"天堑"上。

天涯桥

慕生忠按捺不住心头的喜悦,像个孩子似的拽着邓郁清在桥上走了几个来回,他迈着轻快敏捷的步子,满面笑容。护栏还没做好,他就急着要试桥,10 辆大卡车满载着面粉,停在桥头等候。

很快,架桥成功的喜悦被试桥时的紧张取代了。

有人担心桥的承重,建议把粮食卸下来先用空车试一下。慕生忠瞪圆了眼:"跑空车算什么桥呢?"

邓郁清毫不犹豫地快速走向第一辆卡车,坐进了驾驶室。驾驶员徐云亭用疑惑的目光望着工程师,没有启动车辆。这时,慕生忠

一个箭步冲到了车前,大声喊道:

"你快给我下来!"

邓郁清把头探出车窗:"政委,桥是我修的,过桥试行,这是我的责任。如果没问题,顺利地过了桥,我完成了任务。如果桥塌了,我就一死承担全部责任了。把身体丢在修路的工地上,值了。"

慕生忠不由分说拉开车门,一把将邓郁清拽了下来,自己一步跳上车去,"砰"地关上车门,探出头来对邓郁清吼道:

"桥是你造的,你不指挥谁指挥?你给我过去,站在那头指挥!"

邓郁清被震住了,只能听慕生忠的。

邓郁清向徐云亭再三强调注意事项:

"你一定要按我的指挥开车,稳加油门,不能快,也不能慢,万一情况不妙,绝不能紧急刹车,这桥刚修好,节节铆铆之间接得还不实,急刹车会猛然增加桥的受重,无论进退,你一定要做到稳。"

交代完,邓郁清迅速跑到桥的另一头,找了个最佳观察地点趴了下来。一只胳膊肘顶在地上,另一只手高高抬起,侧目注视着桥的立柱,向司机挥手示意。在邓郁清的指挥下,载着慕生忠的大卡车缓缓地开上了桥。大家都紧张地盯着桥面。

汽车慢慢地朝邓郁清驶过来。邓郁清的眼睛在桥桩和桥面上来回移动,身体的重心也随着卡车的前进,不断地变化着姿势。他仅凭着一只眼睛的视力,全神贯注地盯着崖壁石窝中的桥桩。

载满面粉的大卡车在没有护栏的木桥上缓缓行驶,大家都屏住了呼吸,空气仿佛凝固了一般。

忽然,听到嘎吱一声,邓郁清的心一下子提到了嗓子眼,挥起的手下意识地停住了。车里,慕生忠沉着地说:"别刹车,继续往前走!"

徐云亭紧咬着嘴唇,盯着桥面,握紧方向盘,保持稳定的呼吸,努力地控制着自己的脚,稳稳地踩着油门。

汽车丝毫没受这响声影响,仍旧慢慢地向前驶去。原来那是一根立柱与路面的木板接铆处挤压后发出的响声。

一辆、两辆、三辆……终于,十辆大卡车顺利开过了木桥。

瞬间,热烈的欢呼声掩盖了河水奔涌的隆隆声,人们跳着、叫着……胜利的欢笑声在空旷的山谷间回荡。

慕生忠和徐云亭从车上跳下来,邓郁清扑上去,三个人抱在一起激动地流出了眼泪!

邓郁清动情地对慕生忠说:"政委,你要我指挥,心意我理解,可你的这个决定现在想起来太危险了,你是一军主帅啊!"

慕生忠哈哈地大笑起来:

"像我这种土八路出身的政委,死了有人来接替,你是咱们唯一的工程师,万一有个闪失,再没第二个了啊……"

就是这句肺腑之言,使邓郁清感到了一颗火热真诚的心,他决定将全部身心交给青藏公路。慕生忠和邓郁清也因此结成了生死之交。

几十年后,司机徐云亭回忆起当年开车从桥上走过的情形,仍然心有余悸。他说:"我真的不知道我是怎么把车开过去的。只觉得汽车是在云彩里走着,好像每一分钟都会从空中掉下去。我是随时准备献出生命的,可我怎能死呢,我身边坐着咱们的慕政委啊!"

桥架起来了,得有个名字,叫什么好呢?慕生忠举目凝神,环顾四野,荒寂空旷,有一种身在天涯的感觉,他说:"就叫天涯桥吧!"

旧天涯桥与新昆仑桥

修筑青藏公路，虽然跨越了不少河流，但都是过水桥，只有天涯桥是唯一架在河面上的桥梁。1956年青藏公路通车两年后，国家又投入资金对青藏公路进行整修和维护，"天涯桥"由原来的木桥被改建成石拱大桥。这一年，陈毅副总理率中央代表团赴西藏祝贺西藏自治区筹备委员会成立时路过天涯桥，听了天涯桥的故事后说："天之涯、海之角的时代已经成为过去，我看不如把它改成昆仑桥！"从此，人们便把"天涯桥"叫作"昆仑桥"。

如今，当人们进藏旅游，在青藏公路上依然可见重修后的石拱桥，桥上写着"昆仑桥"三个大字。

四、跨"十二步山" 涉楚玛尔河

过了天涯桥，前进20多公里，便到了纳赤台。纳赤台是藏语，意思是沼泽中的台地。

纳赤台有一眼山泉，泉水甘甜冷冽、清澈透明，虽地处海拔3600米高度，但从不会封冻。

尤忠带领的第三施工队正在这里紧张施工。慕生忠来到工地，查看了施工情况后，对尤忠说：

"我今晚在这里住一夜，明天要到前方的施工队去，等我后天返回来的时候，我要坐汽车。"

这意味着慕生忠下了命令，后天一定要修通这段路。

由于连日的劳累，吃完晚饭，慕生忠和尤忠都躺下睡着了。尤忠睡醒一觉，起来方便，发现其他帐篷都空着，四周看看也没有人，他急忙回到帐篷里推醒慕生忠说：

"政委，不好了，帐篷空了，人都不知道去哪儿了。"慕生忠呼地翻起身说："赶快去找！"二人冲出帐篷，在月光下沿着刚修好的路基向前走了快一里地，听到寂静的旷野里传来了铁锹洋镐的敲击声。原来队员们为了保证按时通路，连夜加班赶修。此情此景，让两人非常感动。

　　从纳赤台向前80多公里到达昆仑山垭口一段的公路，是沿着弯曲的格尔木河道在施工。但由于昆仑山雪水漫流，给施工带来困难。特别是昆仑山北坡下面有一个很宽阔的地方，叫西大滩。在这里，公路要通过一大段冲淤而成的扇形滩地，队员们奋战几日刚把路修好，一夜之间就被融化的雪水冲毁了。为了彻底解决这个问题，施工队决定改线，把路线向北移，一直靠近山根，让路基尽可能避开冲淤威胁。

　　过了西大滩进入昆仑山下的一个峡谷，这是一条阴冷狭窄的沟道，到处是大块的石头，人们叫它乱石沟。由于海拔高、气温在零下十几摄氏度，这些石头被冻在了地上，筑路队员必须把这些冻石搬开。他们先用十字镐和铁锹把石头从冻土中撬出来，再用绳子把大石头拉走，中等大小的石头，队员们干脆用双手抱起来一趟一趟地运出去。经过两天的奋战，硬是把5公里长的乱石沟修成了平整的道路。

　　出了乱石沟，要修的是一段攀上昆仑山垭口的爬山公路，这项工程更为艰巨。

　　昆仑山口地势高耸，气候寒冷潮湿，空气稀薄，群山连绵起伏，雪峰突兀林立。地质条件是终年不化的高原冻土层。昆仑山口不远的东西两侧，是海拔6000米以上的玉虚峰和玉珠峰，两峰终年银

筑路大军奋战昆仑

装素裹，云雾缭绕。

工程要攀缘而上的这座山叫安日尔拉克萨山，海拔4700多米，进入高寒地带，是施工以来遇到的第一座大山。由于海拔骤然升高，气压急剧下降，很多人都出现了头晕、气短、胸闷等严重高山反应。为了减轻高山反应对身体造成的不适，慕生忠要求半天施工，半天休息，以保证安全。

这里由于海拔高形成了特别寒冷的气候区，也就是地理学意义上的高寒区。高寒区的特点就是常年低温且昼夜温差大，土壤下有冻土层常年不化。特别是在山顶背阴的地方，是终年不化的厚厚冰层，很容易滑倒。队员们用钢钎凿冰，将表面冰层挖掉，再从对面山沟里背来石块回填，冰上作业，队员们不知道摔了多少次。在这极寒的多年冻土地质条件下施工，道路每向前延伸一米都很艰难。

天气多变，是高寒区的又一大特征。刚才还是毒辣辣的太阳，转眼间刮起一阵狂风，接着又是雨夹雪。为了节省时间，队员们怎么也不愿回到山下的帐篷中躲避，遇到下冰雹，他们就把铁锹顶在头上，冰雹一过，马上又接着施工。恶劣的自然环境并没有让队员们退缩，凭着坚强的意志和埋头苦干的精神，盘山而上到达昆仑山垭口的路段终于修通了。

测量队的张震寰用步子量了一下，骄傲地说，原来以为昆仑山有多么了不起，其实从山脊处十二步就可跨过垭口。慕生忠听说了昆仑山口的情况，当即带人上山查看。他从制高点踏上去，至山口，走一步，数一下，果然只有十二步。

慕生忠在山口站定，头顶蓝天，身披云霓。他举目远眺，苍茫的高原尽收眼底。慕生忠真正体会到了什么叫"顶天立地"。他豪迈地说：

"什么昆仑山，吓破了多少人的胆，我们就叫它十二步山！"

为庆祝道路通过昆仑山垭口，队长包林特地打了只野羊，拔了野葱野韭菜，让炊事班包了些饺子，为大家改善伙食。牛粪火煮水饺，饺子煮得半生不熟的，但大家还是吃得津津有味。吃饭间，慕生忠感慨地说道：

"咱们是第一支征服昆仑山的队伍，应当找个秀才把每天的大事记下来，到拉萨再整理出来，将来都是宝贵的资料啊。"

翻过昆仑山垭口向南，工程路段都处在海拔4500米以上的高寒地带，严重缺氧和极端寒冷困扰着施工队员。白天干活身体活动，可缓解寒冷，但是缺氧又让人气喘、胸闷。慕生忠告诉大家尽量保持呼吸平稳，干活一定要缓慢匀速，不要使猛劲。到了晚上休息，虽然在帐篷里，也是冻得发抖，根本无法入睡，干脆几个人裹着大衣挤靠在一起，用身体相互温暖。

工程就这样艰难地一米一米向前推进50多公里，到达一个比较平坦的地区。地下冒出一个泉眼，清澈、透明的泉水汩汩涌出，在这冰雪覆盖的高寒冻土区煞是惹眼。队员们很是惊喜，争相捧起泉水饮上一口，冰凉甘甜，透心爽快。

慕生忠喝了一口泉水，联想起垭口修路时队员们冻得发抖却说着"不冻，不冻！"的情景，感叹道："不冻，不冻……这里就叫不冻泉吧。"

从不冻泉继续向前，施工队绕过黄河发源地以西的崇山峻岭，进入长江上游的楚玛尔河。它是长江三大源流的北支，发源于可可西里山东麓，距格尔木234公里。沿途携带的大量泥沙使整个河水都变成黄褐色的浊流，当地藏族称它"红河"。

工程队到达长江北源外流水系的楚玛尔河时已是黄昏，在夕阳的映照下，河水泛着金红。慕生忠站在河边，远眺波光粼粼的河水，不禁诗兴大发，当即作诗一首：

楚玛尔河红似血，
楚玛尔河漫无边，
楚玛尔河水流通天！
金沙、扬子更向前，
万里长江在高原。
浩荡的楚玛尔河，

流源在世界屋脊!

楚玛尔河的河面很宽,在百余米宽的河床上分布着大大小小的沙洲,要想过河,必须修桥。施工队决定利用青藏高原河流越近上源水量越小、水面越浅的特点,采取修筑水下"桥梁"即过水路面的办法,让运输车辆涉水而过。

高空架桥,桥位一般都选在河床比较顺直、水面较窄、水流集中、河岸比较固定的地方。但要修筑过水桥,恰恰相反,需要找一个滩宽水浅、河床坚硬的地方作为过河点。

经过测量,施工队选定一处水面宽100余米、河水流速相对缓慢、两岸河滩宽阔平坦的地方作为公路跨河处。施工过程首先要打牢水下路基。施工队砍下沙柳编成柳条筐,装上石头,放在羊皮筏子上,撑筏运石,将石头倒入河中,垫高河床,筑起透水路堤,然后再在行车道上铺垫碎石,使之基本平整。

由于水流的冲击,运石的筏子很难恰好到达指定位置,施工队员就跳入河水中,在腰间绑上绳子,一头连接在皮筏子上,一头由岸上的人牵引着,就这样,水中的施工队员依靠身体拉着皮筏子一步步向指定位置移动。由于河底沙子在双脚踩踏下会下陷,人经常站立不稳,甚至摔倒在河水里全身湿透,但站起来继续前进。

涉水路面修好后,还需要沿路基打下木桩作为引航路标。每隔几米打下一根木桩,由于水底沙质松软,加上水流冲击,木桩打下去被冲倒,队员们又跳入水中,经过多次试验,木桩终于被稳稳地钉在了水底。两排整齐的木桩曲线平行前伸,像等待检阅的士兵。

拼搏20多天,路堤阻水河床加宽,河水漫散开,长160米、平均水深 30 厘米的过水桥，终于修筑成功。装载物资的汽车沿着路标缓慢涉水而过，伴随汽车马达的轰鸣，河水泛起层层波浪，像一首奏鸣曲唤醒了寂静荒原。

过了不冻泉和楚玛尔河，就到了可可西里的边缘。

邓郁清要跟随测量队去前方探路、定线，他对慕生忠说：

"政委，我不能陪你了，需要你的地方和要你操心的事还很多，你要多保重。"

临别前，慕生忠将一条驼毛褥子送给了邓郁清并动情地说：

"你要单独作战了，和大队人马很难联系，这东西隔潮气，晚上铺在身下，暖个腿脚。"

邓郁清急了："那你铺啥？"

慕生忠说："拿上吧，你比我重要啊。"

这条驼毛褥子对慕生忠来说，是一件十分珍贵的礼物。那是他在诺木洪的时候，平地一场沙尘暴刮跑了数十顶帐篷，他的小帐篷和行李卷儿也被刮得无影无踪。驼工们看到他没了铺盖，裹着大衣睡觉，便找来些驼毛，编成毛褥子送给他。

邓郁清将这条驼毛褥子当作珍贵的礼物，走到哪带到哪，直到晚年一直珍藏着这条褥子。

第六章 穿越可可西里

外国探险家曾断言：从可可西里到唐古拉垭口的数百里地带，人类无法生存，是"死神主宰的地区"。

五道梁断炊，"瞎瞎"拌汤渡难关；齐天然智勇果断，子弹换粮解危机。

风火山上喜获乌丽煤；套套河上勇铺过水桥；深谷寻路登上开心岭。

慕生忠带领筑路队员以大无畏的英雄气概和革命的乐观主义精神，翻越风火山，征服沱沱河，勇闯生命禁区。

一、勇闯生命禁区

从楚玛尔河向南 50 公里就到了可可西里。它地处青藏高原腹地，平均海拔在 4600 米，横跨青海和西藏两个省区，面积约为 23.5 万平方公里。

可可西里地区是典型的高寒气候，温度低、降水少。地势由东南向西北逐渐降低，年平均气温为零下10.0℃～4.1℃，全年最低气温零下46.2℃。由于受高空强劲西风动量下传的影响，这里风多风大，是整个青藏高原的风速主值区之一，年均风速分布由东南、东北向腹地及西部逐渐增大，等值线基本呈"喇叭口型"，风速在3.5～8.0米/秒之间。

1930年出版的《西藏始末纪要》一书，这样记录这里的交通状况："乱石纵横，人马路绝，艰险万状，不可名态"，"世上无论何人，到此未有不胆战股栗者"。

外国探险家们曾断言：从可可西里到唐古拉垭口的数百里地带，人类无法生存，是"死神主宰的地区"。

新中国成立前，西北军阀马步芳的部队两次进藏，都是因唐古拉地区大雪封山而全军覆没。

可可西里地势高峻，气压偏低，空气稀薄，含氧量只有低海拔地区的一半，烧开水的沸点只有80摄氏度。由于自然环境严酷，气候条件恶劣，因而保留了原始的生态环境和独特的自然景观，给高原野生动物创造了得天独厚的生存条件，野牦牛、藏羚羊、野驴、白唇鹿、棕熊等珍稀野生动物在这里活动，是"野生动物的乐园"。但是，人类却无法在此生存，被认为是"生命的禁区"。

1954年7月底，6个工程队经过80多天的艰苦奋战，修筑完成296公里长的公路，将公路延伸到可可西里。人迹罕至的可可西里，第一次响起了汽车马达的轰鸣声。十辆装载粮食的卡车驶进了这片无人区，在八一建军节前胜利完成了通车可可西里的艰巨任务。

慕生忠向北京发了一封电报："彭总并转中央，我们的汽车已经开上了霍霍西里（即可可西里——作者注），正乘胜前进。"

进入可可西里的第一站，是五道梁，因从楚玛尔河至可可西里途中有五道起伏平缓的山梁而得名。这里高寒缺氧、长冬无夏、气候恶劣。五道梁海拔 4665 米，虽然没有昆仑山口高，比 5010 米的风火山口和 5231 米的唐古拉山口更是矮了许多，但由于这一带土壤含汞量较高，导致植被稀少，空气中的含氧量也就更低，一般高原反应会在五道梁表现得更为明显，故民间有"到了五道梁，哭爹又喊娘""纳赤台得了病，五道梁要了命"等谚语流传。

进入五道梁，地势出现第一个明显的爬升。如果能安全度过五道梁，唐古拉山口问题就不大了。

八一建军节那天，6 个工程队汇集五道梁，召开庆祝大会。8 月的五道梁，天空湛蓝湛蓝，明媚的阳光洒在梁上。本是高原最好的季节，却因少有植被而缺少了五彩斑斓的色彩。黄褐色的梁坡上，工程队的五星红旗迎风招展，格外鲜艳和醒目。庆祝大会上，队员们喜气洋洋，第四施工队队长王德明代表施工队讲话，慕生忠做动员报告，鼓励大家一鼓作气，争取年底通车拉萨！

通车五道梁，慕生忠既兴奋又着急。他在年初交给中央的修路报告中申请到的 30 万元经费，只是用来修建格尔木到可可西里的 300 公里路程的，但他要修建的公路终点不是可可西里，而是布达拉宫。如果不能在十月底前越过唐古拉山，就会陷入大风雪的困境，大雪封山，别说路修不成，可能连命也保不住了。

慕生忠召集干部会议，会上，大家情绪高涨，一致表示要继续修路，一定要把路修进拉萨。慕生忠被大家的热情和信心深深地感动，他当即决定赶赴北京，再次寻求彭老总的支持。

青藏公路第一段从格尔木到可可西里工程的完工，为争取继续修筑青藏公路的支持奠定了可靠的基础。

到了北京，慕生忠直接去国防部彭德怀的办公室。彭老总见到慕生忠，一把握住慕生忠的手，兴奋地问：

"你真的把路修上山了？"

慕生忠乐滋滋地回答：

"彭总，我是开着汽车上山的，坐着汽车下来的。"

接着，他向彭老总汇报起修路的情况，如数家珍：爱己沟、雪水河、天涯桥、十二步山、不冻泉、楚玛尔河……一桩桩一件件，一直说到五道梁。彭德怀又惊又喜，不住地点头，脸上露出了满意的笑容。

"彭总，咱们原来可是讲定了的，我要把路修到拉萨，现在我们的路还在往前修，可是……"

彭德怀微笑着打断了他的话："钱的问题不要多说了，暂时不用给总理打报告，需要多少钱，先从军费里借给你。你只管往前修，再遇到什么困难就直接来找我。要什么给什么，要多少给多少。"

在彭老总的支持下，慕生忠又得到了200万元经费和100台汽车、1000名工兵。就这样，继续修筑青藏公路可可西里至拉萨段的经费有了保障。

公路通到可可西里后，迎来的第一位客人是从西藏赴京参加第一届全国人民代表大会的班禅额尔德尼·确吉坚赞。达赖和班禅都是人大代表。达赖由西藏工委第一副书记张国华陪同走康藏线，班禅由西藏工委副书记范明陪同走青藏线。出发前范明电报询问慕生忠什么地方可以用汽车迎接班禅，回复说在可可西里。

班禅及其随行人员，从西藏坐轿、骑马，于8月初到达可可西里。在这里，中共中央西北局、西北行政委员会及陕西、甘肃、青海等省派来的代表、筑路的英雄们和从几百里地以外赶来的藏族、蒙古族、哈萨克族等各族同胞举行了盛大的欢迎仪式。

慕生忠这时刚好离开可可西里前往北京汇报并寻求支持，副政委任启明带领筑路队员们迎接班禅。任启明指着汽车说："班禅大师，党中央毛主席派车接你来了。"班禅向筑路的英雄们敬献了哈达，激动地说："感谢共产党，感谢毛主席，感谢筑路的英雄们！"

从这里出发，班禅换乘青海省委专程派来迎接他的吉普车，沿着刚修好的青藏公路，一路向西宁驶去。一到塔尔寺，班禅就向毛主席发电报，感谢他老人家派车上可可西里来接他。

慕生忠、任启明带领筑路队员用80天的时间修通了300公里路程，从施工技术要求来看，路面标准是能够安全通行载重汽车，路基宽度不少于6米；从施工方法上来看，在平原和丘陵地带，工程主要是修筑路基，平整夯实路面，每隔50米做一个路标；遇到河流，尽可能沿河而修，若非要跨河，一是采用野生红柳编篓装石，填堵流水，使河水改道，二是选择河宽水浅、河床较坚硬的地方用填石夯实的办法修筑过水桥。

这样的施工方法既降低了施工难度，同时也克服了施工材料短缺的实际困难，这也是史无前例的，要知道这是在平均海拔4000米高寒缺氧地区，完全通过人力劳动进行的一项工程。

80多天里，工程越过了万山之祖的昆仑山，通过了号称"西藏咽喉"的天涯涧，涉过了长江上游的楚玛尔河。一路的艰辛难以用语言来形容。

从格尔木算起，每向前一百公里，海拔就升高一千米，缺氧度增加百分之十。工程队全线铺开在一百到两百公里长的工区里，没有非常明确的施工线路，只能认定进藏的方向，选择平坦的地方往前修，遇到山石，因炸药短缺，只能用钢钎和大锤凿开坚硬的泥石沉积层。

在艾吉沟两岸陡壁上开挖的那条宽8米、长200米的慢坡公路，600名队员就硬拼了七天七夜，损失了一大半工具。沾满血迹的断镐把、弯曲的钢钎、血肉模糊的双手，队员们强忍着疼痛依旧在拼命干活。

慕生忠进北京见彭老总汇报修路情况，施工队在五道梁休整待命，就在这时，出现了断粮的情况。

由于西大滩一段路基被洪水冲垮，道路翻浆。为施工队运送补给粮食的汽车受阻开不上来，只好返回格尔木。任启明接到电报后，立即派出一个工程队返回西大滩抢修，但最快也得20来天。剩下的面粉即便每人每天只吃半斤，也只能坚持10天左右。

在这荒无人烟的五道梁，由于土壤汞含量高导致植被无法生长，因此没有野菜可以采挖。为了补充食物，队员们出去捕捉"瞎瞎"，这是高原上的一种硕鼠，专在地下打洞吃草根为生。这种硕鼠在阳光下睁不开眼，好像瞎了一样，西北人便叫它"瞎瞎"。

找到"瞎瞎"的洞口挖开，让它暴露在阳光下，睁不开眼，看不清路，它只能趴着不动，很容易就能捕到一只。这东西肥大油腻，有一种类似咖喱的特殊香味，用它煮汤，拌上一些面，做成糊糊充饥。但就连这也难以为继，面粉快吃完了，"瞎瞎"汤油性太大，几天下来，大半人开始拉肚子。一些调皮的队员敲着搪瓷碗唱道："山又高，水又长，筑路大军断了粮。早上喝的汤一碗，晚上喝的一碗汤。清水野菜一锅煮，老鼠尾巴直晃荡……"

张炳武带人出去捕捉"瞎瞎"时，发现了一个晕倒的藏族少年。这个少年面色憔悴，头发蓬乱，衣衫破烂。手心、膝盖、前额、鼻梁，都有蹭破的痕迹，有些地方还在流血，有的已经结了硬痂。

张炳武将少年背了回来，喂了些水，少年慢慢苏醒，吃了些食物后，身体渐渐恢复过来。翻译顿珠才旦用藏语和他交谈后了解到，这个少年名叫边巴次仁，15岁，是昂才部落的农奴。边巴次仁的出现让大家很兴奋，这说明无人区里不但有人，而且还存在着一个部落，这是个重要的信息。

解决断粮困境有希望了。任启明果断决定向这个部落买些粮食，以度过眼下的危机。

买粮要用银圆，筑路队只有纸币，只好向队员们借。这些队员原来在拉骆驼运粮时挣了些钱。经过动员，说好是借资，这样才凑了一些银圆。

接下来的问题是派谁去买？最后决定由可可西里转运站站长齐天然去买粮。

齐天然，原是国民党的少将师长，1949年在四川率部起义。1951年，他跟随独立支队进藏，不久到西藏工委驻西安办事处负责采购进藏物资，经手采购了大量的医药、布匹、绸缎、机械等商品，对稳定和平解放不久的西藏局势做了大量工作。1953年12月，当运输总队决定在运粮沿线设立格尔木、纳赤台、可可西里、温泉4个转运站，接应从西藏返回的驼队时，齐天然担任可可西里站长，带领副站长杨秀峰、协理员张福堂等七八个人，拉着驼队，从格尔木南上昆仑山，出昆仑峡谷，过楚玛尔河，循着骆驼的粪便和尸骨一步一步来到可可西里，建起了可可西里转运站。这期间，齐天然曾经翻过唐古拉山口，深入藏北，与安多部落的头领们有过接触，并学会了常用的藏语。

眼下派齐天然去买粮再合适不过，任启明再三交代：尽量智取，不可闹翻。

齐天然带上张炳武、翻译顿珠才旦，骑马来到昂才部落的毡房。齐天然恭恭敬敬地献上哈达、砖茶和盐巴，然后向昂才说明了来意，他将半袋子银圆放在了桌上。

昂才摇了摇头，半天没有说话。看来他对眼前这半袋银圆没有兴趣。

张炳武有些着急，刚要开口，齐天然拉了一下他的衣服。原来齐天然观察到，从他们一进来，昂才的眼睛就一直盯着他俩的子弹袋。齐天然看出昂才想要子弹，但这是军用物品，是不能随便处理的，事先没想到会出现这种情况。事到临头，买粮要紧，齐天然当机立断，将两条子弹袋解下来递给昂才说道：

"我们现在需要粮食，希望你能为我们解决。"

齐天然已经横下心来，做好了承担一切责任的准备。

昂才见齐天然如此干脆地满足了他，心里也是佩服。他当即吩咐手下将自存的300斤青稞给了齐天然，以解燃眉之急。之后，昂才又亲自赶了500头牦牛，到安多去筹粮。当公路修过沱沱河的时候，昂才将面粉送到了工地上。

被张炳武救过的边巴次仁参加了筑路队，在雁石坪入了党，学会了开汽车。青藏公路修通后，他常年在这条路上跑运输。

二、翻越风火山

慕生忠从北京归来，带来了继续修路的好消息。出于战略考虑，彭德怀还给慕生忠下达了一个新任务，那就是在开辟青藏公路的同时，向北再开出一条从格尔木到敦煌的公路。这条路要经过柴达木腹地，穿越戈壁，还要通过上百里的盐湖地带。

这个布局很有战略眼光。当时，兰（州）新（疆）铁路已经通车柳园，如果能修通敦格公路，则将来可从兰新铁路线的柳园站装货进藏，这要比从兰州装货缩短近一半的路程。这样，青藏公路不但是西藏运输的生命线，而且也成为连接西南和西北边防的大通道，具有不可低估的战略意义。

为此，慕生忠特意找到齐天然，派他去完成彭老总交给的这项艰巨任务。齐天然工作任劳任怨，深受慕生忠信任。慕生忠欣赏齐天然不管干什么工作都千方百计干好的负责精神，齐天然敬佩慕生忠做事的执着与果敢。

慕生忠布置完修建敦格公路的任务，然后说："我给你一辆汽车，你坐到兰州再转张掖，在那一带招收一些民工，拉到敦煌，从敦煌往南修路，穿过当金山口、柴达木盆地和察尔汗盐湖，把车开到格尔木。"

齐天然深感责任重大，问："什么时候完成？"

慕生忠回答："在我通车拉萨的时候，希望你能通车格尔木！"

"政委放心，拼死拼活也要完成任务！"

两人握手道别。

送走齐天然，慕生忠召开全体会议，转达彭老总的支持和慰问。

队员们情绪高涨,表示一定要把路修到拉萨。

在此,指挥部对下一阶段施工任务进行了新的调整和部署。根据工程队长会议的具体要求,各工程队加紧施工步伐。宋剑伯、张兆祥带领工程队轮番分段向前修筑,张炳武带领一个工程队随后整修。马珍的工程队前进 40 公里到达北麓河。

筑路工人在打夯

这是沱沱河的一条浅水支流,水深只有 20 厘米,水面宽度也只有 3 米,但河床宽度却达到 300 米。工程要通过 300 米宽的河床。河床表面全是泥沙,向下 30 厘米是冻土层。这种地质条件如果处理不当,很容易翻浆。根据这种情况,工程队采取了先清理泥沙然后铺垫片石，保护冻土，硬化路面的方法，有效地解决了翻浆问题。

8月底，张炳武带领的施工队开始翻越隆青吉布山。隆青吉布山位于昆仑山口与唐古拉山口之间，海拔超过5000米，素有"冰雪仓库"之称。这里山高风大，标准的"一年一场风，从春刮到冬"，全年刮八级以上大风天气超过百天，五级风一年刮到头，可谓终日风如雷吼。风大酷寒，致使山麓周围成为终年不化的永冻层，主峰托托敦塞则形成冰斗冰川地貌。由于冰川作用，形成了奇形怪状的石碑林和石海。隆青吉布山山顶终年积雪覆盖，像戴着一顶白色的毡帽，而山体为赭红的岩石，远远望去，一片红色。特别是在朝阳和晚霞的映照下，艳红似火，异常美丽，因而有了"风火山"这个名字。

风火山氧气含量只有平原地区的一半，夜晚最低气温降至零下40摄氏度，自然环境非常恶劣。当地谚语这样描述："风火山，入云端，风沙遮日头，冷雪锁冰川。"可以想象，这里施工条件异常艰苦。

在平均海拔4700多米的风火山上，施工队员们抬石头，挖渗坑，铺砂石，排积水，不分昼夜，艰苦奋战。施工队分秒必争，甚至把支锅灶和吃饭的时间都计算在内。干牛粪成为筑路队员生活的主要燃料，烧水做饭全靠它。此时风火山正值雨季，一天之内雨雪冰雹不知要下多少次，牛粪打湿了点不着，烧不了开水做不了饭，队员们只能冷水和着炒面一起吃。

经过艰难施工，筑路大军翻过了风火山，向沱沱河推进。

在风火山南麓，距沱沱河北岸30公里处施工的时候，一位叫王正为的队员发现这一带的土质和峡谷两面山崖的颜色有些不一样，山崖是黑色的，从峡谷小水沟流出的水夹带的沙子里面掺杂有黑色的小渣粒。他凭借自己曾在甘肃兰州阿干镇的煤矿挖过煤的经验判断，此处可能有煤矿。

为了验证自己的想法，他从一处低洼的地方向下挖，挖了不到两米深，乌黑的煤块就露出来了，他高兴地举起铁锹喊道："有煤了！有煤了！"

这对工程队来说，真是天大的喜讯，解决了燃料问题，队员们终于能喝上热水，吃口热饭了。

人们把发现煤的消息告诉慕生忠，他万分高兴，立刻前往那个峡谷，捡起一块乌亮的煤块，当场点火试烧。煤块很容易点燃了，火力也很旺，队员们再不用为捡牛粪发愁了。他欣喜不已，一路沿峡谷进去，一池蓝莹莹清粼粼的湖水出现在他眼前，阳光下倒映着山石的影子，分外美丽。乌黑的煤块、湛蓝的湖水让慕生忠兴奋之余灵感闪现，他即兴大声念道：

> 内部遍地乌层，
> 外表湖山秀丽；
> 今朝满目荒凉，
> 他日工业基地。

慕生忠高兴地说："这个地方就叫乌丽。"

随即，他从工程队里抽出一个班，组成挖煤队，由班长范紫英带队，在乌丽挖煤，专门负责用骆驼为前方施工队运送煤燃料。

慕生忠将在青藏高原发现露天煤矿的大好消息报告给中央。不久，当时的燃料工业部派张奉先、吴之骧、唐景汉三位煤矿工程师来乌丽勘察。经过勘测，发现这是一座埋藏量丰富，且容易开采的煤田。

到1955年夏天，青藏公路管理局开始组织人力在此处采煤，以供应青藏公路沿线单位。1957年，青藏公路管理局生产处成立乌丽煤矿，组织力量进行大规模挖采。

三、征服沱沱河

过了乌丽就到了沱沱河。沱沱河又称托托河、乌兰木伦河，蒙古语意思是"红河"。它是长江三大源流的主流，发源于祖尔肯乌拉山之北。

这里有庞大的雪山群，海拔6000米以上的雪峰共有20座，永久雪线高达5800米，群峰上有40多条现代冰川和许多冰斗。沱沱河从各拉丹东的姜根迪如冰川发源时，是一些冰川、冰斗的融水汇成的小溪流，河水在流出了巴冬山后，经过一片广阔的河漫滩，逐渐变宽变深。

沱沱河封冻期较长，到每年4月气温回升，冰雪融水补给开始，水位上升。随着高原湿季的到来，降水量增加，6月以后水位涨势加大，年最高水位出现于8月，10月水位逐渐下落。

工程队到达沱沱河岸时，正值发洪水，波涛滚滚的河水，挡在了工程队面前。公路要穿过沱沱河，首先必须弄清河水深度、流速以及河底情况。没有合适的测量工具，只能下水依靠人体探试。由于水深流急，试水队员身体受到浪涛冲击，站立不稳。河底是松软的泥沙，脚陷进泥沙里，每移动一步都很困难。张永福、李景民等人尝试骑马过河,结果连人带马被水冲倒,大家齐力拖拽才救了上来。有人又试着骑骆驼过河,骆驼腿被淤沙深深陷住,也很难前进。

怎样才能在这湍急的沱沱河上修建过水路面?任启明和宋剑伯等人上上下下观察水势,听测量技术人员分析水情,大家用了各种方法尝试过河,都没能成功。

两天后慕生忠来到工地,看到此时的情景,急脾气又上来了。他让警卫员拿来一瓶烧酒,仰头咕嘟咕嘟地喝下半瓶,拿出测量用的绳子系在腰间,叫人牵住另一头,不顾大家的阻拦,跳进河里,照直往河心走去。

9月初的沱沱河水已是冰冷刺骨。河底的泥沙因身体重力的踩压向下塌陷移动,慕生忠的双脚很快就被流沙"套"住,费好大劲才拔出来。就这样,慕生忠身体跟跄着,在水中一步一步费力地向前移动。

在慕生忠的带动下,几名测量队员也跳入水中,一遍遍来回探索,经过几个小时,终于试探出一条比较安全的线路,也弄清了河底的大体情况。

慕生忠上岸后回到车里,双脚已经红肿得穿不上鞋了。

也许是慕生忠奋不顾身的行为感动了上天,接下来几天水势开始减弱。经测量,河床宽1060米,河槽宽283米,河水最深处1.4米,流速4.3米/秒。这么宽、这么深的河,修筑过水路面,要面对很大的困难。

虽然在楚玛尔河上已经修建过一座过水桥,但沱沱河水下地质条件比楚玛尔河复杂,"水下桥"工程量也比楚玛尔河大得多。为了解决沱沱河水深流急问题,工程技术人员首先制订了分流河水、降低水位、减缓流速的施工方案。

9月4日，第四工程队开始施工，第一步采用导水分流法，张炳武与王德明带领一部分队员在河的上游修建堤坝迫使河水分流，加宽河幅，降低水深，减缓河水流速；第二步采用装袋沉石筑路法，指导员王仕禄带领另一部分队员，将装满石块的麻袋沉到修筑路基的河槽里，一层一层堆起来，填石垫底。

施工队员站在齐腰深的河水里，将装满石块的麻袋和筐子，一袋袋一筐筐地沉到水底，排放整齐。冰冷的河水浸透了皮肤，冻得人发抖。就这样，分流工程进行了5天，将水位降低到1米以下，流速减到3.1米/秒，达到了预定目标。

9月15日，第一工程队增援到达沱沱河，主要任务是采石，并用骆驼将石头从7公里外的山沟驮到施工岸边。经过20多天的奋战，水下路基从两边向中间慢慢合龙。龙口宽32米，水深增加，流速也加大了。水流太急，麻袋投进去，即被激流冲走。队员们又想办法用羊皮筏子，每筏装6个沙袋，由上游用粗绳从两边拉着放至龙口就位固定，再拉动筏子前的小绳，将筏子拉翻倒出沙袋，6个沙袋一起投入龙口，这种方法取得了良好的效果。就这样，400多名队员分成三班作业，昼夜不停地拉运沙袋。直到10月3日下午5时，路基终于合龙。

经过45天的战斗，共填进5000多袋石头。10月10日，一座宽5米、长400米的"过水桥"全部竣工。桥面淹没在水下，离水面约三四十厘米。这样既不会阻挡水流，又不会淹没汽车。桥基两边每隔2米，打下一根木杆，用沙袋和石块压死，再用绳索交叉网结，形成一条弯曲的巷道，既作为行车标杆，又起到了加固桥基的作用。

13日正式试桥，400多名队员集合在两岸呐喊助威。一辆包着篷布的大卡车驶进水中，河水淹没了半个车轮，车底翻起层层浪花。驾驶员目不转睛，盯着标杆小心驾驶，终于开到了对岸。人群欢呼雀跃。50多辆载重卡车，浩浩荡荡地开过了沱沱河。

"过水桥"建成了，但是，沱沱河水情不稳定，雨季山洪暴发时，这个"过水路面"经常被大水淹没，行车经常受阻。为了保障此路段的安全畅通，1956年，邓郁清又在此主持架设了一座长240米、32孔的木质结构桥，实现了正常通车。由于风吹雨淋，加上河水的冲蚀，木头受损腐朽。为了行车安全，两年后，即1958年沱沱河上又重新建成了一座长273米、24孔的钢筋混凝土桥。遗憾的是当年的"过水桥"没有留下照片，只残存在筑路队员和老一辈人的记忆里。

1987年，武警交通总队的指战员们，在沱沱河旧桥旁边建设了一座更为宏伟壮观的新大桥，桥头路碑上刻着：海拔4700米。

沱沱河"过水桥"的修建历尽艰辛，沱沱河的名称也是修路得来的。施工队刚到此处，因它水流湍急，测量技术人员称它"滔滔河"。施工中涉水作业，双腿常常被泥沙像套子一样套住；另外施工队修这条路整整用了45天，像被时间套住了一样，因此，队员们形象地称它为"套套河"。至于后来怎么叫它"沱沱河"，可能是发音的偏差，但老一辈人口头上至今仍叫它"套套河"。

四、绕过"开心岭"

1954年9月6日,西北军区、西藏军区接到了中央军委的电示:

> 同意继续修筑青藏公路霍霍西里至拉萨段。并调拨100台汽车及其相应的汽车修理机构、设施,拨发筑路人员所需的帐篷、锅灶,以及铁锹、铁镐各1000把等筑路物资;修路所需经费200万元暂由军委财务部垫拨;调驻兰州的工兵第二团前往修路;修路的技术指导由中央交通部负责解决。

国家的支持,为全线完成青藏公路修建提供了强有力的财力、物力、人力保障。电令最后指示:要力争于1955年底或1956年春修通至拉萨的公路。

当时施工队正在奋战沱沱河,中央军委的电令,令大家精神振奋。

过了沱沱河,又一座无名山挡在面前。如果修盘山公路,让公路盘山而过,最为便捷,但是,盘山路土石方工程太大,不仅消耗人力、财力,还会耽搁时间。这段路怎么修,邓郁清一直在思考。设计方案定不下来,施工队只能原地待命。时间不能就这么耽搁着,慕生忠万分着急。

吃完晚饭,慕生忠召集干部和技术人员开会,研究施工方案。有的主张修盘山路,有的建议绕行,意见不统一。慕生忠听完大家的意见,摆了摆手:"我来说两句,我们离开格尔木已经一百多天了,在这么艰苦的环境里,大家跟着我拼命地干,我先谢谢大家。"

慕生忠向大家鞠了个躬,接着说:

"这一百多天,大家的身体消耗太大了,多耽搁一天就多一分危险,何况前方的唐古拉山口还有一场硬仗等着我们,时间不等人啊!"

一直沉默着的邓郁清站了起来:"政委,依我看,修盘山路虽然距离短,但石方工程太大,会增加人的劳动,而且由于工程相对复杂,也未必比绕行节省时间。我明早就去进山勘察。"

"行,老邓,有你这句话我就放心了。"慕生忠信任地说。

会议最后统一了认识,按照"宁可多走十里路,不能多挖一方土"的原则设计该路段的施工方案。

第二天天刚蒙蒙亮,邓郁清带领两名队员,扛着测量工具就进山了。三人沿着山麓向西绕行,边走边测量。山里空气异常寒冷,手脚冻麻了,跺跺脚,搓搓手,继续测量。渐渐地他们进入了一条山沟,顺着山沟前行,一直向上攀升。

不知不觉太阳已经照到了头顶,身上也走出了汗。这时才发现他们已经爬上了沟垴,居然站在了这座无名山岭上。站在山岭,向前望去,就是小唐古拉山,回头看,沱沱河已经蜿蜒在他们脚下。三个人兴奋得像个孩子似的奋力向上下挥动着手臂。

勘测回来,还来不及喘口气,邓郁清就急忙去见慕生忠,他要立刻把这个好消息告诉慕生忠。

"政委,不用修盘山道,从沟里可以直接上山。"

还没走进帐篷,邓郁清就喊了起来。

慕生忠听到声音迎了出来。

"政委，今天太开心了！"邓郁清握住慕生忠的手使劲地摇晃着，高兴得像个孩子。

慕生忠哈哈地笑了起来："老邓，我也有个好消息告诉你啊，我们的汽车和援兵就要到了！"

原来，慕生忠接到了兰州军区的通知，要指挥部派人去兰州接军委派给的 100 辆汽车和 1000 名工兵。好事成双，这让慕生忠和邓郁清格外开心，慕生忠即兴吟诵道：

找路入深谷，
疑似又穿云；
平坦直穿过，
取名开心岭。

筑路工人在开心岭上欢呼

慕生忠将这座无名山岭取名为"开心岭"。后来慕生忠在北京向毛主席汇报青藏公路情况,提到"开心岭"时,毛主席问:"为什么叫开心岭?"慕生忠给主席讲了修路开心岭的故事,主席听了称赞这个名字取得好,有革命乐观主义精神。

第七章　天堑变通途

"巴颜喀拉山高,高不过唐古拉山的腰。"唐古拉山全年气温基本都在零摄氏度以下,这里只有一个季节,那就是寒冬。

海拔5231米的唐古拉山口作为公路翻山点,整个施工区都在永冻雪线之上,爬升到山口的30公里公路是青藏公路的最高点。

"决一死战的时候到了,要么路往前走,要么人就在这里上西天,退路是没有的。"施工队员已经疲惫不堪,但他们更清楚,只有咬着牙往前修,才有生还的希望。

一、战胜唐古拉

绕过开心岭,开始跨越通天河。

通天河是指长江源头沱沱河流到当曲口,与当曲河汇合之后直到青海玉树的一段长江干流河段。公路设计要经过通天河上段,这里河谷地带比较开阔,河槽宽而浅,河中沙洲栉比,水流散漫,两岸是相对平缓的山丘。

通天河属高寒气候区,河床海拔高 3000 ~ 4000 米,风大,气温低,空气稀薄,垂直差异很大,年平均气温在 0℃。通天河两岸,自然地理环境复杂。

施工队到达通天河时,正逢枯水季节。通天河河床为沙砾,稍加整修汽车即涉水通过。再往前便是雁石坪,施工队进入布曲河。布曲河两岸是陡峭的山崖,山崖上栖息着大雁。筑路队支搭帐篷,人喊驼叫,抖动篷布,惊飞了大雁,大雁在河谷里盘旋了一圈,又落在远处的石崖上,人们便把这里称作雁石坪。雁石坪是上唐古拉的必经之路。

施工队到达雁石坪时,已是 10 月份,白天有阳光照射,天气还算暖和,可到了夜晚气温骤降,寒冷刺骨。大风经常把帐篷吹倒,队员们半夜被冻醒,又重新支搭帐篷。

过了雁石坪,沿布曲河到温泉,途经 10 多处水沟,河底都是沙砾。三个工程队 16 天完成 100 多公里路程的铺设,将公路延伸到温泉。这里距唐古拉山 30 多公里,因为发现温泉而得名,并建立了温泉转运站。

10 月份的唐古拉已是严冬,山顶的湖水已冻成大冰场,山野到处铺上了厚厚的积雪,但在温泉的周围,却别有天地,温和的空气给人以初春的感觉,附近的草地上还显出一种青绿的颜色,甚至还有几朵赭石色的野花摇曳在风中。

这里有多处泉口,它们散布在一处既背风又向阳的山坡上。温泉水温在 60 摄氏度左右，最热的地方达到 85 摄氏度，可以煮熟鸡蛋。泉水中含有碱质，洗衣服不用肥皂也可以洗得很干净。

温泉转运站的同志在泉口用石头垒砌了几间房子，把泉水引进房子里，就地取材，用野羊皮包在空油桶上做成凳子，拆下木箱板子钉上布条做成拖鞋，捡来石片和草皮搭成床铺，用细草编成褥垫，用石块垒砌一个方池子，房间变成了带浴池的温泉浴室。水从一边不断地流进池子，又从另一边流出去，保持了池水的清洁。房间外面大门上，画着一个红色的五角星，下面写着"唐古拉浴池"。

筑路队员们自过了雪水河之后，为了减少风沙对皮肤的伤害，再很少洗脸。每天一早起来在脸上抹一点酥油，这样既防风吹，又抵御紫外线的暴晒。一路下来，脸上布满了厚厚的沙尘和油垢。筑路队员在这里洗了温泉澡，对他们来说，这是最奢侈的享受了，连心情也变得愉快起来。

过了温泉，继续向南铺路 30 多公里，工程队来到了唐古拉山口。

唐古拉，藏语是高原的意思，唐古拉山即是高原的山岭。山势呈西北东南走向，绵亘千里，山峰排列，终年积雪不化，是青海和西藏的分界线，长江的源头。大部分山脉都在海拔 6000 米以上，其中主峰各拉丹冬海拔为 6620 米。唐古拉山口，海拔 5231 米，视野比昆仑山口开阔得多。

这一带是一片冻土区，泥土层长年结冰。山口天气极不稳定，即使夏天，也会有大雪封山的情况，冰雹、霜雪更是常见。因此，有人写下了"时而阳光，伴随走一走；时而冰雹，双肩抖一抖"的诗句。这里空气含氧量不到平原地区的一半。

唐古拉山南面便是空旷的羌塘草原，是天然大牧场，地势由此开始下落。唐古拉山是青藏公路必须经过的关口,也是青藏公路的最高点,能否打通唐古拉山成为按期通车拉萨的关键。

唐古拉山平均海拔都在 5500~6000 米,当地牧民有句谚语:"巴颜喀拉山高,高不过唐古拉山的腰。"根据勘察,筑路指挥部选定海拔 5231 米的唐古拉山口作为公路翻山点。所有的施工区都在永冻雪线之上。工程队要修筑的爬升到山顶的 30 公里公路是青藏公路的最高点,也是迄今世界上最高的 30 公里公路。

这里气温基本都在零摄氏度以下,最低可降到零下 40~50 摄氏度,异常寒冷。当地牧民说:这里每年只有一个季节,天天是寒冬。有记载说,1937 年,马步芳曾派两个团的兵力进藏,行至唐古拉山时,因冰雪封道,寒风瘴气袭人,冻饿交加,不能前行,以致全军覆没。唐古拉山因其海拔极高,严寒缺氧,终年积雪,给人的心理造成恐惧,在人们心中"唐古拉"三个字就意味着死亡。

之前任启明在带领大车队探路上到唐古拉时,看到一群寒鸦正要飞过山巅,却被一阵狂风卷得跌落下来,于是他感叹道:

唐古拉山非等闲,
岭上积雪不知年。
峰峦入云罡风紧,
飞鸟欲越翅难展。

根据唐古拉山的气候特点,工程队必须赶在 10 月底之前打通唐古拉,再晚了大雪封山,后果不可想象。慕生忠说:

"决一死战的时候到了,要么路往前走,要么人就在这里上西天,退路是没有的。"

施工队员已经疲惫不堪，几乎支撑不下去了。但他们更清楚，只有咬着牙往前修，才有生还的希望。

唐古拉山口两侧，坡度不算大，呈鸡爪形。测量队为了找到最便捷合适的路线，在"鸡爪"间反反复复、来来往往进行了四天的测量。邓郁清带领五个测量队员硬是在唐古拉山顶住了四天四夜。

他们没带帐篷，晚上睡在睡袋里，邓郁清拍下了一张当时的照片，画面上并排整齐排列着六个睡袋。仔细看，排头一个睡袋空着，那个空着的睡袋就是"摄影师"邓郁清的。

后来邓郁清回忆这张照片的来历。那天半夜里刮起了大风，下起了大雪，他被冻醒，邓郁清钻出睡袋，看到其他人还在熟睡，赶紧拿起照相机拍下了这张照片。拍完之后，邓郁清迅速将五人叫醒，他害怕睡着了会被冻死。邓郁清使用的这架照相机，为青藏公路修筑史留下了许多珍贵的资料。只可惜这张珍贵的照片后来遗失了。

第五天，邓郁清叫何畏、张震寰等四人先行赶紧下山，如果继续停留在山上，会有生命危险。邓郁清实在太累了，走不动。一个叫王德武的小伙子始终跟着他。小王在前，他在后，一步一步往前挪。他走，小王也走；他停，小王也停。这时他感到体力实在支撑不住了。对小王说：

"你先走吧，不要管我，再等下去，今晚你也过不去了。"

小王没有回答，坚决地拉着他的胳膊拖着他走，他俩都知道，一旦倒下去，可能就再也站不起来了。就这样，二人互相扶持着终于下了山，瘫坐在地下，大口喘着粗气。突然，小王眼睛一亮，指着前面说："邓工，看，帐篷！"小王立刻搀扶起邓郁清向帐篷走去。

原来，为了快速通过唐古拉，慕生忠派两个施工队先越过山口，从山口另一边向山口修路，最后两边会合。

邓郁清几乎是被抬进了炊事班的帐篷，他已经虚脱了。炊事员赶紧给他喝了一点温水，拿出一个装酥油用的空木桶敲碎，点着火，给他俩做了一些拌汤，让他们趁热喝下去，多年后邓郁清回忆起那碗汤，感觉比山珍海味还要香。

在唐古拉山口施工的工程队，刚到山上，唐古拉山就给他们来了个下马威。半夜里，呼啸的大风把几顶帐篷刮跑了，队员只能露营雪山，人冻得蜷缩在一起，头发和胡子上都结了白霜。有的队员干脆不睡了，干起活来，一方面可以驱寒，一方面也为了赶进度，尽快下山。

施工队在唐古拉山上整整鏖战了40天。这段工程的任务，山口北坡长23公里，傍西峰山坡弯曲上山，是一道上坡路，坡度12度左右，路基为砾石沙土；山口南坡长15公里，依东峰顺山而下，直达黑河源头，是一道下坡路，坡度16度左右，多为土方工程。6个工程队，北坡4队，南坡2队，任务层层分解，划开路段，从两侧同时向山口推进。

从格尔木修路开始，到上了唐古拉山，已经四个多月过去了。四个多月的艰苦征战，筑路队员们的体力消耗很大，已是筋疲力尽，再加上长期营养不良和严重的缺氧，很多人都染上了高原病：嘴唇破裂，鼻子出血，指甲由扁平而凹陷，手指肿胀。

工具的磨损也很严重，钢锹用了四个月，磨成了"月牙铲"，两尺长的洋镐成了"拳头镐"，畚箕条筐也破烂不堪。工具不能及时更换，挖石方只能继续用"月牙铲"和"拳头镐"，干土方活儿时干脆用双手捧土装筐。畚箕和柳筐用散了，他们就脱下皮袄当筐使，一皮袄一皮袄地兜着运土。

工地不远处有一个小湖泊，队员们用钢钎凿开冰面，发现湖里有鱼，大的能有十几斤重，这令大家非常兴奋。队员们使出浑身解数，用各种方法来捞鱼。炊事班也是想尽办法红烧鱼、炖鱼汤，给大伙补充营养。这些鱼成了"救命鱼"。

为了解决吃粮问题，慕生忠派人到山下的牧民家中去购买青稞和牛羊。这期间，队员们又发现了以前运粮队因骆驼死亡而丢弃在路边的面粉，这些都为解决施工队的给养问题帮了大忙。

有鱼有面，生火做饭的燃料又成了问题。虽说有乌丽的煤运来，但是，也不是天天都能保障。煤接不上的时候，做饭还是要靠从山下带来的牛粪。哪个班组有会生火的"巧媳妇"，就能吃到熟食。生不着火的一天就只能吃雪拌炒面。

因为空气稀薄，头痛眩晕的高山反应使队员们吃得都很少，睡觉更是困难。单层帐篷扎在冻土上，即使不被刮跑，也冻得睡不着。大家想办法合伙睡通铺，相互依靠体温取暖。

无法抗拒的缺氧反应，使人们睡不着觉。高原的夜空清冷寂静，一弯银色的月亮挂在空中，天空中繁星点点，明亮，也透着寒气。睡不着觉的队员们干脆跑到工地干活，多修一尺就离拉萨近一尺，早一天过山少受一天的罪。在这种信念的支配下，每天晚上都有人出夜工。帐篷里，只要有一个操起工具溜出去，接着就有3个、5个、8个、10个跟上，谁也不叫谁，谁也不劝谁。

月光拂照的唐古拉山上，只听见人的喘息声，铁锹洋镐的撞击声……

胜利在望,大家鼓足劲,拼死拼活也要拿下唐古拉。

稀薄的空气使人稍微一动便气喘吁吁,呼哧呼哧地喘着粗气,像是一架自动的风箱。心口像塞了一堆乱草,憋闷得慌。抡上几锤,铲上几锨土,就憋得脸色青紫。大家轮换着,你干一会儿,我干一会儿,互相接替,没有人指挥,却是非常的和谐、紧凑。摔倒了,爬起来歇歇再接着干。

一天,到了中午吃饭时间,慕生忠赶到一个工队,见队员们还没吃上饭,立刻进了伙房,只见一名炊事员一脸焦急,拼命拉着风箱,而一锅雪水连点热气都还没有,其他炊事员急得团团转。

慕生忠非常生气,狠狠地批评了炊事班长。班长噙着眼泪,不敢作声,其他人也垂头丧气,缄口不语。

这时慕生忠发现他们个个穿着皮袄,双手托在腹下,像孕妇一样腆着个大肚子,慕生忠又好气又好笑,问:

"怎么回事?"

炊事员一齐敞开皮袄,哗啦一下,从皮袄里掉出来牛粪,洒落在地上。原来,为了早日打通唐古拉,炊事班在做饭的间隙也跑去工地参加修路。这天炊事员们去工地时天晴日丽,忘了给晾晒的牛粪盖上篷布,没想到临近中午,突然下了一阵雨雪,等他们急忙赶回来时,牛粪已经被淋湿了,生不着火,没有办法,他们就穿上皮袄抱着牛粪,想用身体的温度赶快把牛粪焐干……

委屈了他们,慕生忠心里一阵难受。多么可爱的炊事员啊!他拍了拍炊事班长的肩膀,走出了帐篷。

此时,在康藏线上,尽管工程同样艰难险恶,但那里投入的人力远比慕生忠这里多得多,光雀儿山顶14公里的路段上,就撒开了一万多人，还有从苏联和罗马尼亚进口的机械，一次爆破使用的炸药比这里所有的炸药都要多。另外，康藏线筑路队所需的生活物资，也有比较充分的保障。

相比之下，慕生忠的青藏线上无论物资还是人员都极其缺乏。慕生忠急切地盼望运输总队大本营支援的物资能赶紧送来，以尽早完成打通唐古拉的任务。

慕生忠连发几封电报，都没得到回应。这可是生死关头啊。慕生忠急切地等待着，但他万万没有料到，等来的是西藏运输总队发来的一封电报，内容是：西北局派工作组已经进驻香日德，要慕生忠火速下山，检讨进藏运粮时骆驼大批死亡的问题，并通知今后运输总队不再负担修路所需的经费和物资。

慕生忠手捏电报攥得咯咯响，牙关紧咬，眉头紧皱：这是什么意思？骆驼不死亡，我何必这么急着修路？正在节骨眼儿上，这简直是釜底抽薪！他气愤地将电报撕得粉碎，对着电报员喊道：

"发个电报，工程正在紧张阶段，不能回去，一切责任由我承担。"

电报员迟疑不动，他吼道：

"愣着干什么？回去照发！"

他大步朝工地走去，到一块岩石前面，让人执住钢钎，捞起一柄大锤，发疯似的锤打下去，打得火星飞溅、顽石崩裂。"一、二、十、二十、三十……"有人扑上去，拦腰抱住他，夺下大锤，将他拖了下来。他还要扑上去，大家齐声哀求：

"政委，你不能这样啊！"

"怕什么，死，也要头朝拉萨！"他说。

一时间，"死也要头朝拉萨"成了队员们拿下唐古拉山的誓言。

有人在山壁上写下了这样的誓言：

举起铁锤山打颤，
脸上红光映雪山；
为了藏胞得幸福，
誓把公路修上天！

待慕生忠冷静下来，让电报员给彭总发了一封急电：
"经费不足，再借20万元。"
彭总很快回电："所需经费，如数拨给。"
副总指挥任启明有些纳闷：上次彭总批的200万元还没有用完，再说，眼下急需的是实物呀！这急电追借的20万元经费根本不可能解决眼前的危机，他是不是气糊涂了？
其实慕生忠要的不是钱，而是一种声音、一种支持。回电是发给运输总队，再由总队转发给慕生忠的。有了彭总的回电，就等于告诉西北局工作组：修路是中央支持的。慕生忠得到了精神上的支持，力量倍增。
慕生忠用他的智慧巧妙地化解了这场危机。
慕生忠要尽快解决唐古拉工程队急需的物资问题。他立即派人带着筑路队剩余的全部资金去到唐古拉山南侧的藏族部落地区，购买牛羊肉和用作燃料的牛粪，并电令工兵部队火速向唐古拉增援。工程队没有坐等工兵部队，而是不停歇地继续奋战。
10月20日这天，公路终于通到了唐古拉山口，10辆大卡车伴着马达的轰鸣声，缓慢地从北坡开上了山口。唐古拉山被打通了。

打通唐古拉山

精疲力竭的施工队员们长长地舒了一口气，他们硬是用"月牙铲""拳头镐"在世界屋脊奏响了一曲响彻云霄的胜利凯歌。

望着苍茫群山和寥寥羌塘，筑路队员写了"战胜唐古拉"五个大字。慕生忠站在汽车上，当即致电彭老总并转中央：

> 我们已战胜唐古拉，在海拔 5700 米以上（这个海拔高度是当时按气压表测得的，现修正后的高度为 5231 米——作者注）修路 30 公里，这可能是世界上最高的一段公路。现正乘胜前进，争取早日到达拉萨。

慕生忠
1954 年 10 月 20 日

随着"嘀嘀"的发报声，筑路队战胜唐古拉的喜讯，飞到了千里之外的北京，慕生忠内心万分激动，脱口而出：

唐古拉山风云，
汽车轮儿漫滚；
今日锹镐在手，
铲平世界屋顶。

唐古拉山上，汽车顶着飞雪，第一次驶向世界最高的公路。彭总把电报交给周总理，总理非常高兴，马上转告了交通部。当夜，慕生忠就收到了北京回电：

慕生忠同志：
　　欣悉你们在克服种种艰难困苦后，已打通举世闻名的唐古拉山，甚慰。谨对全体筑路同志表示慰问，并望继续努力，争取早日完成通车拉萨的光荣任务。

慕生忠宣读完北京发来的电文后，响起了一片欢呼声，北京的声音传到这遥远的雪山，给人们带来了巨大的动力和信心，人们激动得彻夜难眠。很快交通部和青海省派慰问团到青藏公路工地慰问演出。

慰问团带来了党的关怀，更增添了慕生忠和筑路队员战胜一切困难、将汽车开进拉萨的决心和信心。

二、会师桃儿久

唐古拉山南侧是起伏的羌塘草原，羌塘在藏语里是"藏北"的意思。羌塘草原位于喀喇昆仑山、冈底斯山和念青唐古拉山之间，面积约 60 万平方公里，相当于西藏一半的大小。羌塘草原平均海拔 4500 米，土质松软，是优良的天然牧场。

到这时，青藏公路修筑已完成青海境内的工程，进入到西藏境内施工阶段。施工队一路沿缓坡直下施工，没有遇到多大阻拦，工程进展比较顺利，仅用了 10 天时间，就修到安多北部的桃儿久山下。

桃儿久（亦写作"陶儿久"）是藏语音译，此山海拔 4000 米。这时已是 10 月下旬，在桃儿久已经算是隆冬了。昼夜温差大，早晚气温低，非常寒冷。慕生忠下令要大家克服寒冷，在半个月之内把路修过这座山。

1954 年 10 月 29 日，正在施工的队员突然发现，从远处的唐古拉山上冒出了一列长长的汽车队，浩浩荡荡地从草原深处开过来。原来，这是经彭德怀批准，西北军区派出的 100 辆卡车载着工兵二团 1000 名指战员赶来增援了。

两路大军会师桃儿久，互相握手，互道辛苦，桃儿久顿时热闹了起来。1955 年 1 月，慕生忠在回忆这段经历时，特作诗一首以纪念这次会师：

头枕昆仑巅，脚踏怒江头；
零下三十度，夜宿陶儿久。

上盖冰雪被,下铺永冻层;

熊罴是近邻,仰面朝星斗。

会师桃儿久

两路大军会合在一起,工程进度大大加快。在工兵部队的通力配合下,10月31日,顺利打通桃儿久,前进到安多买马部落。

过了安多买马,公路延伸到4800多米高的申克里贡山脚下。按照测量队选定的线路,公路沿着山脚向前,经红海湖(现在叫错那湖——作者注)东岸绕到山后,避免了翻越山岭的巨大工程。公路依山绕行向前约80公里,进入平川地带,继续向前延伸50公里,到达西藏的北大门——黑河(即那曲——作者注)。

黑河是怒江的上游,发源于唐古拉山南侧,自源头到此约250公里。青藏公路要穿河而过,测量队经过仔细勘测,选定一处宽

37米、水深40厘米、河底为沙夹石的河面作为过河点。这个过河点河底地质条件较好，比较适宜修筑过水桥，再加上之前修筑楚玛尔河和沱沱河两处过水桥的经验，很快，在施工队员和工兵们的齐心努力下，一座坚固的过水桥修好了，汽车顺利涉水过河。

1954年11月10日，青藏公路正式通车黑河。随兰州工兵部队到达的刘五、罗昆禾等几名军事记者及时报道了青藏公路通车黑河的消息。虽然这则报道只有短短的70多个字，但这是青藏公路自修筑以来见诸报端的第一个消息。

黑河通车时，恰巧交通部和青海省派来的慰问团也到了黑河。两个慰问团的几十辆大小汽车就是沿着青藏公路到达黑河的。他们对慕生忠和筑路队员表达了由衷的敬佩和赞誉。慰问团带来了烟、酒、茶、挂面、药品、棉被等急需的慰问品，还带来一支电影队，为全体筑路队员放映电影。

交通部慰问团的团长和副团长，分别是公路总局局长王一帆和公路设计院院长贾炽民。一下汽车，王一帆紧握着慕生忠的手，不无歉意地说：

"你们把路都修到这里了，我们交通部没出上一点力，真对不起。"

慕生忠指着邓郁清说：

"哪里哪里，有你们派来的这个工程师，我就够感谢的了。"

贾炽民和邓郁清是熟人，但见到邓郁清时，他几乎没有认出来。因为邓郁清带领测量队先行勘测，离开大部队，补给跟不上，经常饿肚子，更别说营养了，到黑河时，他已经瘦得不成样子，棉军服穿在他的瘦骨架上也显得肥大空荡。

贾炽民端详着邓郁清，担心地问：

"怎么？你就穿着这一身过的唐古拉？"

贾炽民是做了充分的上山准备，穿着厚厚的皮大衣。这在邓郁清看来相当臃肿，便开玩笑说："我要穿你这一身，就肯定翻不过唐古拉。"

"为什么？"

"走不动嘛。"

是走不动。测量队一路在前，要扛着测量工具，为了选择最合适的施工线路，要来来回回比较，多走很多路。每次出去勘测，并不是都能按时返回露营帐篷的。如果出去测量的队员当日无法返回，到了晚上，只能露宿荒野。为了御寒，晚上只好"睡骆驼"，就是裹着皮袄，紧贴着骆驼的肚皮，从骆驼身上获得一些温暖。身旁还得放一支枪，以防不测。

"睡骆驼"的滋味实在不好受，朝着骆驼头方向睡，骆驼不停地打嗝，腥秽的酸臭味让人直想呕吐；头朝着骆驼尾的方向睡，骆驼又极爱放屁，臭不可闻。因此，说是睡觉，其实只是倒过来倒过去解解乏而已。

三、劈开石峡进拉萨

过了黑河，公路向着念青唐古拉山脉的尕勤拉山和拉拢尕木山延伸。这里有四道山岭横卧，人们称这个地方为"四道梁"，是怒江流域和雅鲁藏布江流域的分水岭。

公路修过"四道梁"，继续向南推进，进入当雄草原。当雄，藏语意思是"挑选的草场",是藏北和藏南的交界地带,当雄河从草原流过。

筑路队员从远处山上开出石料,在当雄河铺筑过水桥,公路顺利向前延伸。到这时,整个施工速度明显加快。看着公路一天天向前伸进,队员们编了一句顺口溜:"搬家的赶不上修路的,修路的赶不上运输的。"可见工程进展之神速。

20天的时间,公路就从黑河前进了260公里。11月23日推进到冈底斯山脉的羊八井石峡。

筑路大军在羊八井

羊八井石峡位于拉萨西北部约100公里的地方，是青藏公路的咽喉要道，它是由当雄河和羊八井河汇流后冲刷出来的一道石峡，长约15公里，乱石纵横。石峡两岸悬崖峭壁耸立，是冈底斯山的一处天险。石峡中仅有一条狭窄的小路，是当地藏族牧民用干牛粪把石头烧烫，然后浇上冷水，让石头一点点崩裂，不知经过了多少岁月，才开出了这条勉强可走牦牛的崎岖小道。

12月初，慕生忠调派一个工程队，穿过石峡小道，先去修筑进拉萨的最后五十公里路，而把劈开石峡的任务交给工兵团来完成。

这是最艰巨的一段工程，也是修通青藏公路最后决胜的一仗。慕生忠下了死命令：

"12月下旬必须通车拉萨，你们必须在15天内给我啃下这块硬骨头！"

工兵二团是一支特别能战斗的老部队，他们在15公里的大石峡摆开战场，打眼放炮，劈山炸石，昼夜不停息，隆隆炮声不绝于耳。7连3排的王德孝抡起大铁锤，一气打了上百下。气压机平常可带动4个风钻，到这里后由于空气稀薄，只能带动2个风钻，这加大了工作量。

由于天寒地冻，钻杆有时不能正常工作，为了不影响工程进度，工兵们一边用喷灯烤、一边钻，劈开岩石。大家只有一个心思，那就是保证按时把公路铺进拉萨。

为了康藏、青藏公路能同时通车，西藏军区从康藏公路调来了工兵八团一个营增援青藏线，他们从拉萨往北修，慕生忠的筑路大军从北往南修，南北夹击，合力劈开石峡。

在英雄工兵团的拼搏和筑路队员的奋战下，仅用了10天10夜，

12月14日,羊八井石峡终于被劈开,一条宽阔平整的公路从石峡中间穿过,锁闭拉萨的石门被彻底打开。南北合龙的筑路队员欢呼雀跃,当时就有人写诗称赞道:

  人民工兵钢铁汉,
  脸上红光映高原;
  铁锤举起山发颤,
  千年石峡今日开。

为了庆祝胜利,筑路大军把"跨过昆仑唐古拉,开劈石峡到拉萨"14个大字刻在石壁上。

第八章　献礼共和国

1954年12月25日，康藏、青藏公路胜利通车，毛泽东发来贺电："庆祝康藏、青藏两公路的通车，巩固各族人民的团结，建设祖国！"

1200名驼工，7个月零4天，在世界屋脊上打通了一条1200多公里的公路，创造了历史纪录。

就是他们这些平凡的人做出了不平凡的事业。他们为青藏公路的建设贡献了自己的青春，甚至生命。没有人知道他们叫什么，但是，他们有一个共同的名字——慕生忠筑路团队，他们在青藏线上谱写了一曲开拓者的生命之歌。

一、汽车开进拉萨

1954年12月15日下午，慕生忠坐着他的吉普车开进了拉萨。前两次慕生忠骑着马、骑着骆驼到拉萨，这第三次，真真切切，他是坐着汽车，开进了拉萨城。彭老总配给他的这辆老吉姆西吉普车成为第一辆行驶在拉萨街头的汽车，慕生忠也成为第一个坐着汽车进拉萨的人。

12月20日，筑路队员全部到达"八角城"。慕生忠派人先把所有病号送进医院治疗。队员们开始洗澡、理发、换洗衣服，洗去一路的艰辛，大家要干干净净、整整齐齐庆祝通车。

此时，青藏公路已经全线贯通。从1954年5月12日格尔木开工，到12月15日慕生忠的第一辆吉普车开进拉萨，7个月零4天，慕生忠和他的团队创造了高原上快速筑路的奇迹。当时测定格尔木至拉萨段里程为1283公里，加上西宁到格尔木的800多公里，共2100多公里的青藏公路终于通车了。

从格尔木开出汽车，翻山跨河终于开进了拉萨。慕生忠回想整个筑路过程的艰辛，按捺不住心中的激动和感慨，队员们奋力抡锤挥镐、劈山架桥、翻山蹚河的施工场景，一幕幕掠过他的脑海；被烈日风沙侵袭得黝黑、憨厚的脸庞，一张张浮现在他的眼前；雪山、石崖、深谷一帧帧画面交替闪现，风雪的呼啸和浪涛的吼叫一阵阵在耳边回响。

慕生忠写下两首诗抒发自己的感情：

> 这不是生活奇迹，
> 而是新中国的人民没有克服不了的困难——
> 补给不足，
> 五道梁上找到了天然肉库；
> 燃料缺乏，

风火山下开出了露天煤矿。
狩猎在开心岭上,
钓鱼在沱沱河边。
疲乏时,
高原温泉去沐浴。
饥饿时,
开水泉上煮鲜肉。
不能说高原生活多艰苦,
应当是锻炼意志好时机。
我们的口号是:
哪里有生物的地方,
那里就可以生存,劳动!

(一九五四年十二月)

打破人间神秘,
戳穿探险家的乱语胡言!
开辟布尔汗布,
战斗天涯桥边!
工作在空气稀薄的高原,
劳动在冰雪交加的雪线!
劈开昆仑山,
战胜唐古拉!
踏破千里雪,

走尽长江水！

通过怒江上游的黑河，

炸开冈底斯山的石峡……

为了祖国的建设，

把公路修到拉萨。

(一九五四年十二月)

1954年12月25日，康藏、青藏公路通车典礼在拉萨、雅安、西宁三地举行。

这个时候，即将过六十一岁生日的毛泽东，在北京中南海展纸狂草：

庆贺康藏、青藏两公路的通车，巩固各族人民的团结，建设祖国！

拉萨军民倾城出动，欢迎这些创造奇迹的英雄，庆祝这一历史性的伟大成就。

1954年12月25日，这是一个载入史册的历史时刻。上午10时40分，在拉萨河大桥，西藏工委领导张国华将军为康藏公路通车剪彩。11时15分，在布达拉宫西侧，张国华将军为青藏公路通车剪彩。12时整，从两条公路上开来的350辆满载筑路队员的汽车，在布达拉宫前会师。

慕生忠率领的这支驼工筑路队队员整齐地穿着黑色的新棉衣，

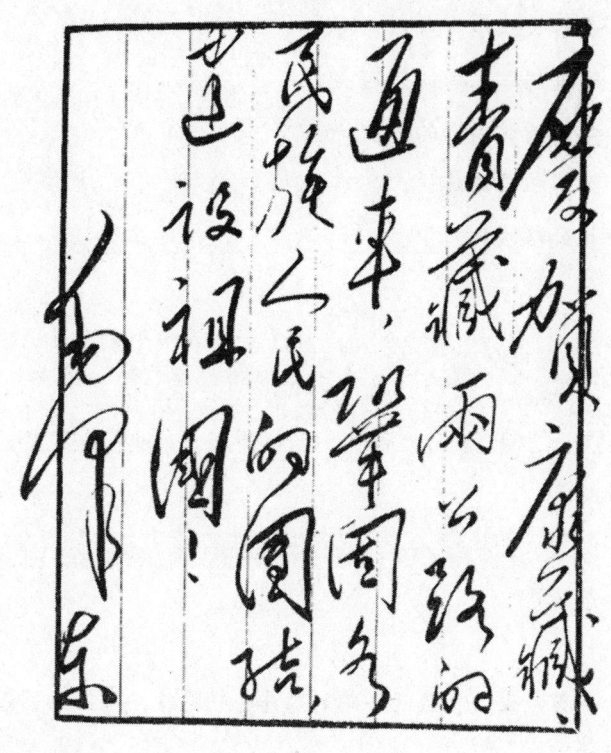

身着军服的解放军战士，穿着黄色礼服的西藏地方政府官员，服装艳丽的拉萨市民，哲蚌、色拉、甘丹三大寺的僧人，拉萨青年歌舞队都汇聚到了布达拉宫前，以激动喜悦的心情等待着幸福时刻的到来。

13时，庆祝康藏、青藏公路通车大会开始。顿时，布达拉宫上空响起了军乐和礼炮声。3万多人肃然而立，向在修路工程中牺牲的筑路队员表示哀悼和敬意。

典礼台上，慕生忠穿着和驼工们一样的黑色棉衣，站在身穿军装的张国华、张经武将军身旁，显得十分特别。他在接受藏族群众敬献的鲜花时,露出了幸福的笑容。

通车典礼上观看节目的筑路军民

康藏、青藏公路通车典礼盛况

通车典礼上的青藏公路代表队

主席台下的筑路队员们,欢欣喜悦,把手高高举过头顶鼓掌、欢呼。

两台象征从康藏、青藏公路开过来的彩车到达会场,车身悬挂"祝贺康藏、青藏公路胜利通车"的标语。紧跟着的一辆汽车上,载着英雄的筑路队员,车身悬挂着"青藏公路筑路职工代表团"的横幅。

在拉萨举行庆祝大会的同一时刻,作为两条公路起点的西康省雅安市和青海省西宁市,也分别举行庆祝集会,欢送二百辆满载米面、茶叶、百货、汽油等急需物资的车队,奔向拉萨。

12月26日,就在拉萨举行两路通车典礼的第二天,齐天然从格尔木给慕生忠发来电报,向他汇报格尔木到敦煌一段,即敦格公路也胜利通车。

这样,青藏公路从拉萨到格尔木后,既可东到西宁,又可北到敦煌,与兰(州)新(疆)铁路相接。大批的物资和燃料便可直接从玉门通过敦格公路运来,比从西宁运输更为便捷。

青藏公路建设费用,格尔木至拉萨段公路的修筑,国家拨付资金230万元,实际竣工决算为250万元。中央军委调给青藏公路的工兵团、汽车、机械、工具、帐篷等都是军费开支,还有国家拨给西藏运输总队的1360万元经费,也有部分用于青藏公路的抢修工程上。所有这些加起来,虽然不能确切地计算出实际投资数额,但可以肯定,整个工程的资金费用是很节省的。

整个工程队负责物资供给的干部是朱飞和张启华,他们知道慕生忠为修路争取来的每一分钱都不容易,因此,对经费的使用,精打细算,不允许有一分一厘的浪费。他们的账本上,记下了所有物资的支出明细。队员领一把笤帚,必须先交来用坏了的笤帚头。即便是交来的旧工具,只要能修理,他们就会修一修继续使用。

慕生忠后来在总结当时西藏急需物资情况下,他们以7个月零4天的神速完成青藏公路修筑的经验时说:

"在当时,钱多了修不成,人多了修不成,工程师多了也修不成。这是因为钱多了就会铺大摊子,人多了造成供应困难,工程师多了就得讲规格标准,这些都会将筑路的时间拖得无限长。"

交通部慰问团团长王一帆在通车典礼上说:

"青藏公路以它的路程长、工程量大、工期短、花钱少等特点,在世界公路史上写下光辉的一页。"

青藏公路，是在财力、技术、环境极为艰难的情况下，筑路军民硬是靠双手实干出来的，写下了多个世界之最：1200多名筑路军民，用7个月零4天的时间，在世界屋脊上打通了一条1200多公里长的公路，填补了我国西部地区公路史上的空白，成为我国乃至世界上海拔最高的公路，其筑路时间之短，进展速度之快，也创造了历史纪录。

青藏和康藏这两条公路的通车，加强了西藏与内地的联系，基本上解决了西藏物资供应问题。青藏公路和康藏公路，像青藏高原上的两条金色桥梁，被藏族同胞称为"地上的长虹，幸福的金桥"，

川藏、青藏公路纪念碑

给西藏人民带来了幸福，为西藏的发展和建设奠定了坚实的基础。

1954年12月29日新华社电讯："这些公路都把少数民族政治、经济、文化中心和货物集散地以及城市紧密联系起来，对于发展少数民族的经济、文化生活有很大作用。康藏公路和青藏公路通车以后，基本上把四川、青海、西藏一带少数民族的政治经济生活和祖国大家庭进一步联系起来了。那些地区牧民们的羊毛、皮毛过去常常积压运不出来，他们所需要的工业品也很不容易得到。这两条公路通车以后，青海、西藏一带畜牧产品输出和工业品、基本建设器材的输入都方便得多。""祖国各地的技术人员和技术工人，也不断乘汽车来参加高原的建设工作。"

公路修通，从此结束了几千年用牲口驮运物资进藏的历史，改变了西藏长期封闭的状态。

青藏公路通车，也引起了世界的关注。路透社1954年12月28日消息：共产党中国动用十万工程部队，花了几年时间，秘密修通了从青海到拉萨的近一千二百公里的战略公路。在当时和以后的好多年里，像这样夸大其词的消息，经常见到。

如今，坐落在拉萨的纪念康（川）藏、青藏公路通车的汉白玉碑上，镌刻着这样一段感人的文字：

世界屋脊，地域辽阔，高山缺氧，雪山阻隔。川藏、青藏两路，跨怒江，举横断，渡通天，越昆仑；江河湍急，峰岳险峻。十一万藏汉军民，含辛茹苦，餐风卧雪，齐心协力征服重重天险：挖填土石三千多万立方，造桥四百余座。五易寒暑，艰苦卓绝，三千志士英勇捐躯……

从 1955 年起，国家对青藏公路开始整修。1963 年，青藏公路有了 339 公里沥青路面。1974 年，青藏公路被列入国家"六五"计划的重点项目，进行了整治和改建，全线铺成沥青路面。1985 年经国家投资 7.6 亿元进行改扩建，一条路面宽 7 米、路基宽 10 米、设计车速每小时 80 公里的沥青公路改扩建成功。1991 年国家又投资 14 亿元对 542.5 公里的多年冻土区病害路段进行一、二期整治，路况有明显提高，基本达到二级公路标准。2003 年再次进行改造，路况质量全面提升。

西藏和平解放以来，共有川藏、青藏、新藏、滇藏 4 条进藏公路。滇藏公路太绕，新藏公路太远，川藏公路太险，为西藏发展"输血"的重任几乎全部落在了青藏公路上。青藏公路承担着 85% 以上进藏和出藏物资运输任务。

交通运输畅通，物资支援强大，使得西藏社会稳定，经济发展突飞猛进，陆续建成了一座座工厂、一所所学校、一个个商厦、一所所医院和一座座电站……青藏公路成了高原交通大动脉，成了西藏军民福祉所系的"生命线"。

二、青藏线上战友情

在青藏公路的建设过程中，慕生忠是指挥筑路的灵魂，邓郁清是解决技术难题的核心，在他们身后是千百个普普通通的筑路队员，他们是征服青藏高原、让天堑变通途的力量保障。可以说，青藏公路是慕生忠带领这支筑路团队用双脚一步一步丈量出来的。

在修路过程中，慕生忠要求干部不能搞特殊，不分军民，不分职务，都得干活。他说："检验一个干部，不只是听汇报，而是先看干部们的手，起茧了吗，磨烂了吗？是否和队员一起生活了、劳动了？"

慕生忠要求别人这样，自己首先以身作则，身先士卒，站在最危险、最困难的地方，以实际行动为大家做表率。修路伊始，他就在自己的铁锨把上刻了"慕生忠之墓"5个字。为了修通这条路，他已将生死置之度外。

他天天泡在工地上，和工人吃住在一起。炊事员看他太辛苦，有时候给他开小灶，炒一盘鸡蛋，可是，他坚决分给大家一起吃。

在工地上，他什么活儿都干，抡起18磅的铁锤和民工一起打桩的时候毫不含糊。他的手上长满了厚厚的老茧，他认为老茧厚的肯定出了大力，下了苦工。他经常向干部们强调：

"谁的手上没有老茧和血泡就不是好干部。这么大的筑路工程，不依靠群众怎么行？"

在慕生忠的带动下，每个干部都把参加劳动、和队员一起生活看作是自己的责任，是做好工作的基础。

修天涯桥的时候，他一次背起一百斤重的石头；修昆仑山一段时，他拉肚子几天都止不住，医生让他在帐篷里休息，他不听，总往工地跑。医生生气地说："你这样很危险，会要命的！"他哈哈一笑："你让我躺在这儿，才是要了我的命。"他让医生给他装了一兜子中药丸，拍拍兜说："放心吧，有它就行了。"然后就又去工地了。他经常是走到哪儿就住在哪儿，困了，不管谁的黑被窝，钻进去就睡。

修路工程队的生活极其简单，伙食是"大锅饭"，10人一口锅，以帐篷为伙食单位。由于空气中的含氧量低，开水的沸点只有80多度，锅大量多，不要说蒸馍炒菜，就连面糊糊也很难煮透。由于缺油少菜，基本上都是白水煮面片，偶尔挖到些野葱野韭菜，已经是不错了。

为了防止再出现败血症等营养不良事件，慕生忠下令各队可以打猎，以改善伙食，增加营养。施工间歇，队员们施展神枪手的本领，猎捕到一些山鸡、野兔。每当收获战利品时，队员们都会以各自的方式表达喜悦，捕猎给枯燥劳累的施工生活带了一种乐趣。

怎么把这些野味做熟、煮烂，在这高原地区也是个难题。

这里唯一的燃料是野牛粪，队员们白天出工，傍晚收工捡牛粪，捡回来摊在帐篷周围，晒干，码成堆，用来烧火做饭。没有牛粪，做不成饭；牛粪湿了，也做不成饭。高原多变的天气，时而晴天，时而风雪交加，因此要格外操心这些牛粪，遇到雨雪冰雹，要迅速用篷布遮盖起来。在这里，牛粪同面粉一样，成了施工队员离不开的宝贝。

由于气压低，常规的大锅煮肉，根本煮不烂，咬不动。本来高原缺氧环境就容易导致消化不良，吞咽下没有咬烂的肉，更会让人腹胀难受。开始炊事员兴致勃勃，要为前方辛苦施工的队员送上鲜美的野味，可是肉怎么也煮不烂，延长煮肉时间，还是硬得咬不动，炊事员望着一锅肉束手无策。

藏族队员得知情况后，教给炊事员高原独特的煮肉方式——开锅肉：牛粪烧火，大锅凉水放入肉，盖上锅盖，待水滚开，快速撇去漂浮的血沫，再盖上锅盖煮3~5分钟，开锅、放盐，一锅美味的开锅肉就好了。这样的开锅肉肉质脆嫩，不但味道鲜美，而且容易咀嚼，易于消化。慕生忠边吃肉边夸赞："煮得好，煮得好！"

高原藏族同胞多年的生活智慧和经验，为施工队解决了很大的生活难题。

蒸馒头也是个问题。受气压影响，蒸出的馒头又黏又硬，吃到肚里沉甸甸的，不好消化。

有一个班创造了一种"地沟烘馍法"，慕生忠吃过他们的烘馍馍，很赞赏，提出在全施工队推广，受到欢迎。"地沟烘馍"方法并不复杂，只是要出点力气：找块比较干燥的地方，挖一道战壕似的深沟，沟底再挖个圆坑，坑底生上牛粪火，待火烧旺，坑壁烤红，就将和好的面团在手心，像甩泥巴一样甩在坑壁上，然后加盖，填土，利用余热持续烘烤，队员们把这种方法烘出的饼叫"馕疙瘩"。馕疙瘩黄而不焦，口感脆软，再稍加点盐进去，比黏硬的馒头好吃得多。

筑路队员风餐露宿

7个月，200多天，慕生忠与干部、队员一起，在青藏线上共同经受着艰苦生活和恶劣环境的考验，以顽强的意志相互支撑，相互信任，产生了深厚的战友情。慕生忠与他的筑路团队同甘共苦，密不可分，公路延伸的背后，是慕生忠及所有筑路队员付出的智慧、劳动，甚至牺牲。

　　刘奉学，格尔木转运站站长，陕西富平人。学识渊博，待人宽厚，大家尊称他为"刘爷"。刘奉学的人生经历十分坎坷曲折。他的父亲刘允承是国民党的元老人物，出任过监察委员，在辛亥革命中发挥过重要作用，参加过冯玉祥领导的"直奉战争"和"北京革命"。刘奉学曾被冯玉祥派遣去莫斯科中山大学深造，后又去日本求学。

　　慕生忠在组建筑路队的时候，曾经打算到兰州大学借调一个会使用风向仪、经纬仪、气压表的专业人员，但没能如愿。因刘奉学曾是慕生忠部下，慕生忠知道他是留过洋的知识分子，于是找到刘奉学家里。那时，刘奉学正在因早年"一些问题"接受审查，心情极其不好。见到老首长，很是开心。寒暄过后，慕生忠直截了当地问：

　　"你会测风速风向不？会测经纬度不？会量气压不？"

　　刘奉学回答："会。"

　　慕生忠高兴地说："我正需要你这样的人才哩。你跟上我走，一走了之，叫他们审查去！"

　　"去哪里？"此时的刘奉学对青藏公路一无所知。

　　"青海，格尔木。我们要在那里修青藏公路，中央批准了，彭老总大力支持。"

　　这次相逢，给刘奉学带来了绝处逢生的喜悦，他痛快地答应了。

但是，听说去青藏高原，刘奉学的儿女们坚决不同意：

"爸，你年纪这么大了，不能去那地方！""格尔木是鬼门关，年轻人都待不住！""天大的事情我们替你担待，没工作了我们养活你，你不能去！"

刘奉学也知道那里是艰苦的地方，但他对子女们说：

"慕生忠这人我了解，为人刚直正派，他那里需要，也正合我意。别人能去，我为什么不能去？你们都大了，我只要对得起自己，即使命丧荒丘，也死而无怨了。"就这样，刘奉学做了格尔木的第一代人，做了格尔木转运站的第一任站长。

齐天然

齐天然，陕北人，出身富豪世家。曾任国民党延安城防司令，后来成为胡宗南部队的一个少将师长。抗日战争时期参加过中条山战役。

他文武兼备，早期与共产党有过接触。解放战争初期，齐天然营救过共产党员。解放战争后期，他在四川率部起义。新中国成立后，齐天然在西北局统战部下属的新华公司任经理。

西藏运输总队成立后，他担任购驼组组长，赴宁夏等地购买骆驼，并直接带领骆驼队到达香日德。1953年12月，根据西藏运输总队的部署，齐天然组建可可西里转运站，为进藏运粮大军和筑路大军的休整、补给提供了保障。当筑路大军在可可西里断粮时，齐天然去安多买马部落向昂才头人买粮过程中，表现出的机智沉稳、当机立断，被传为佳话。

慕生忠非常欣赏齐天然这种豪爽果断的性格和高效的办事能力，也正是因为这个原因，慕生忠毫不犹豫地将修筑敦煌至格尔木这条具有战略意义公路的任务交给了齐天然。

齐天然带领招募的 40 多人的民工筑路队，从敦煌出发，把路修到了中国最大的盐湖——察尔汗盐湖边上。当地牧民告诉他，自古以来就没听说有人能从盐湖上走过去。

这片方圆 5800 平方公里的察尔汗盐湖区，寸草不生，别说人走过去有困难，就是鸟儿也不容易飞过去。盐湖区冬季寒风凛冽，夏季炎热干燥，日照时间长，蒸发量比降水量要大 140 多倍，由于长期蒸发，形成一层厚厚的盐盖，覆盖在湖水上。在盐盖下面，是深达一二十米的结晶盐和晶间卤水。

盐湖上既无石头，又无沙土，拿什么修路？齐天然想到自己向慕生忠保证：决不拖青藏公路的后腿，坚决完成彭总交给的任务时，他一筹莫展，万分焦急。最后在多次试验下，根据盐遇水溶蚀的原理，齐天然和民工们从湖面挖起一块块盐盖，垫起了一条盐盖路基，然后浇上卤水使盐盖粉蚀，卤水蒸发后，就形成了坚硬的路面。就这样，齐天然带领民工在盐湖上修出了一条长 30 多公里、平整坚硬的路面，这就是著名的"万丈盐桥"。

齐天然没有辜负慕生忠的期望，1954 年 12 月 26 日上午，在康藏线和青藏线举行通车典礼的第二天，齐天然把汽车开进了格尔木。从此，格尔木向东至西宁、向北至敦煌、向南至拉萨的交通格局基本定型。

后来,有人质疑这条盐桥算不算公路,能不能长久使用,理由是教科书上讲的,修筑公路时土的含盐量超过 7% 就要考虑改线。慕生忠反驳说,你都没有试过,怎么就能断定这盐桥不算路呢?没有土的地方只能拿盐来解决。科学不是静止的,科学是在不断前进的。

慕生忠和齐天然在青藏公路修筑现场

事实证明,齐天然和慕生忠的判断是完全正确的。后来在格尔木盐湖上还修了飞机场。如今,青藏铁路上的列车也是呼啸着从察尔汗盐湖上驶过的。

尤忠,黄埔军校第十九期毕业,起义前任邓宝珊部少将参谋。1953 年西藏运输总队成立后,尤忠任纳赤台转运站站长。在这里他带人开垦出了昆仑山上的第一块菜地,种下了萝卜白菜。

1954年，慕生忠组建工程队时，尤忠任第三工程队队长，是筑路工程中专攻硬仗的虎胆英雄。在风火山上，他患病拉痢疾，药片儿一把一把地吃，肠胃损伤严重，但他硬是咬着牙干完了山口那一段工程，青藏公路通车后，他的胃切除了三分之二。

在唐古拉山上施工时，有一次突降冰雹，尤忠让队员们躲避，自己却顶着一件棉袄，趴在刚刚装好炸药的炮眼上——他不能让宝贵的炸药淋湿受潮。一阵雹子砸了他二十多分钟，等到队员们过去扶他起来时，整个背都湿透了。有人说你可不能再这样，会被雹子打死的。他说一炮能顶一个人干几天，就是死也值了。慕生忠表扬他说："在我们这里把一炮炸药看得比命值钱，这是把青藏公路看成天了，下次下雹子我去堵炮眼。"

马珍，第一施工队队长，宁夏吴忠来的回族汉子。新中国成立前参加了党的地下组织，当过武工队员，勇敢善战，新中国成立后当了区长。1953年运输总队向西藏运粮时，因从宁夏来的驼工大都是回族，为了便于工作，组织上调他上了高原。往西藏运粮时，他任中队长，修路时，慕生忠又将这些回族兄弟编入第一施工队，马珍任队长。他很有领导能力，他的队伍专打硬仗。

公路修过天涯桥后，慕生忠派马珍带领施工队开到170公里以外昆仑山的另一面，与另外的施工队相向施工，出发时只给他们带了20天的口粮，这就意味着，20天内两段道路必须接通会合，否则，马珍的施工队就会断粮。作为一队之长，马珍做了细致的安排，让大家一天节省一点粮食，20天后工程接通，马珍还省出了6天的口粮。

慕生忠直夸赞马珍有谋略。马珍的谋略和领导能力，也让回族兄弟很佩服，这些回族兄弟为青藏公路建设立下了不朽的功劳。

王庭杰，第二施工队队长，曾赶着两辆胶轮马车率队探路，他们从香日德出发，实地行走，到达聂荣宗，完成探路任务。他和任启明的两次探路，为慕生忠的修路报告提供了实地勘察的依据。

王庭杰带领队员在昆仑山垭口施工时，沙子打得人睁不开眼睛，队员们就把手帕罩在脸上干活；狂风吹得人站不稳脚，他们就几个人手挽手排在一起，为施工的人挡住风头。就这样轮番交替，最后以惊人的施工效率，在一天之内完成了2300米边坡路面的工程。

王德明，第四施工队队长。曾在1943年参军入党，后来与党组织失去了联系，他决心要在这次修路中重新入党。

在艾吉沟会战时，马珍的第一施工队与王德明的第四施工队开展劳动竞赛。王德明身材不高，偏瘦，小号军衣穿在他身上也显得宽松，但干起活来却像只老虎。白天他带领全班不停歇地挥锹运土，汗珠嘀嗒往下落，傍晚收工时，尽管哨音响过多遍，两边都不肯收工。艾吉沟的两岸都要出现这样的喊话：

"王德明，还不收工？"

"马珍，你先收，你收我就收！"

"你先收！"

没办法，只好由慕生忠出面裁决，喊出"一、二、三"的口令，两边同时收工罢战。

第二天一早，两个施工队长又带着各自的队伍来到工地，用劳动号子迎来新的一天。

最终,工程任务提前完成。总结评比,奖励记功,"标兵班""突击队""劳动模范""先进个人"等光荣称号纷纷授给队员们。王德明团结全队队员以二百人干了四百人的活,独扛了一面"老虎队"的红旗,他也凭借"吃苦在前"的表率作用,实现了重新入党的愿望。

生更,是王庭杰第二工程队的一名队员,也是全队唯一的蒙古族小伙子,只能听懂简单的汉语。语言的障碍丝毫没有影响他对劳动的热情,他听不懂组长的分配,就挑最重的活干,挑最大的石头背。虽然很累很苦,但他的脸上总是挂着笑容。他的笑容感染了周围的队员,大伙都喜欢这个爱笑、能干的小伙子,称他为大力士。一天早上,他背着沉重的测量工具,在光脚蹚过流着冰凌的河水时,小腿被水下的石块划出了一道口子,鲜血顿时染红了水面,他忍着痛,将工具扛到了河对面,解下围在脖子上的毛巾,往伤口上一扎,又继续去背东西。

小韩,一个宁夏穆斯林小伙子。在工程推进到唐古拉山时,小韩生了重病,吃不下饭。队长让他休息,他不肯,偷着跑到工地干活。慕生忠听说后,来看望小韩。只见他半跪着,吃力地用手往畚箕里扒碎石,手套磨烂了,破洞里露出红萝卜似的手指。脸上好几处冻伤,眼睛肿得只剩一条缝。看见慕生忠,小韩赶忙用手撑地,想站起来。慕生忠上前一把攥住小韩的手,把他扶起来,心疼地劝他回去休息。小韩慢慢地摇摇头说:

"政委,我不要紧。大家是靠一股心劲在硬撑着,只要一个人躺下去,跟着就会躺下一大片。那咱们的公路怎么办?我能干多少就干多少,就像你说的,就是死,也要头朝着拉萨!"

慕生忠鼻子猛的一酸,这位平时一见谁流泪就反感的硬汉子,此时禁不住眼泪直往外涌。他坚决让人把小韩搀扶回去。

后来,小韩的病越来越重。公路修到桃儿久山下的一片旷野时,小韩闭上了眼睛。慕生忠率领数百队员为小韩举行了葬礼,他潸然泪下:

"好兄弟,你走得太早!最苦难的日子都过来了,拉萨就在眼前了。我本想到拉萨给你亲手戴上大红花,可连这一天你也没等到……这地方就叫韩滩吧。"

每到夏天,韩滩上生长出一种绛红色的野草,随风摆动,像是对英雄的筑路队员们致敬。

慕生忠,正是用他的个人魅力将筑路队员紧紧团结在一起,组成了一支战无不胜的钢铁筑路队。

我们记住了这些有名有姓的英雄,但是还有许许多多个无名的、像小韩一样平凡的筑路队员,就是他们这些平凡的人在新中国国家力量支持下做出了不平凡的事业。他们为青藏公路的建设贡献了自己的青春,甚至生命。没有人知道他们叫什么,是无名英雄,但是,他们有一个共同的名字——慕生忠筑路团队,他们在青藏线上谱写了一曲开拓者的生命之歌。

第九章 建设格尔木

望柳庄,望柳成荫,寓意着第一代格尔木人对未来的美好希望。

唐蕃古道筑路人变成了城市的建设者,帐篷屋、地窝子、砖瓦房、大马路、林荫道……格尔木人用双手改变着居住环境,打扮着城市面貌。

将军楼,戈壁滩上建造起来的第一座楼房,成为格尔木开发的历史见证。

青藏铁路的梦想,几经曲折,终于在新中国建设者的手中变成了现实。

一、望柳庄

青藏公路胜利通车,将拉萨与北京、西藏与祖国内地紧紧联系在了一起。作为青藏线上重要中转站的格尔木,战略位置越发重要。

大批内地物资、生活用品从青藏线经格尔木源源不断地运往西藏，国家派遣援助西藏的各地干部也经由格尔木进入拉萨。

为了实际需要，1955年5月11日，青藏公路管理局在格尔木成立，决定选址建设一个招待所。初建的青藏公路管理局招待所是一排帐篷房，这在当时已经是"最高级"的住所了，它承担着各级干部和进出藏人员的住宿接待任务。1955年6月，班禅额尔德尼·确吉坚赞大师一行，从拉萨到北京途经格尔木就住在这个帐篷招待所里。1956年4月7日，时任国务院副总理的陈毅受中共中央毛主席委派，率领中央代表团进藏，祝贺西藏自治区筹备委员会成立，代表团途经格尔木也住在这个招待所。陈毅离开格尔木，前往拉萨途中写下了那首激情洋溢的《乘车过雪峰》：

> 昆仑雪峰送我行，
> 唐古雪峰笑相迎。
> 唐古雪峰再相送，
> 旭角雪峰又来迎。
> 七日七夜雪峰伴，
> 不苦风沙乐晶莹。
> 同人举杯喜相贺，
> 轻车已过最高层。
> 明日拉萨会亲友，
> 汉藏一家叙别情。

招待所模样和条件的改变是在格尔木有了砖瓦厂以后。1957

年,格尔木河畔建起了砖瓦厂,说是砖瓦厂,其实只是搭起了几间简易草棚作为厂房。6月,试验烧制出了青砖100万块。这出厂的第一批青砖可是格尔木这个城市的基础砖,如何使用它?

慕生忠决定用它修建新的招待所,"毕竟那是咱格尔木的门面"。就这样,帐篷房换成了20多间瓦房。后来慕生忠回忆说:"我们在青藏公路管理局招待所的房前屋后栽种了柳树,并给它起名'望柳庄'。"望柳庄,望柳成荫,寓意着第一代格尔木人的美好希望。

望柳庄成了柴达木"最高档次"的服务接待单位,负责接待进出西藏的全部人员,其中还包括不少党和国家领导人。

望柳庄旧址

1958年10月17日,国务院副总理兼国防部长彭德怀元帅,在兰州军区司令员张达志的陪同下,来格尔木视察工作,望柳庄迎接了他。

一个不足万人的边远小城,当时有这么多领导人亲临,可见其地位非常重要。

格尔木是为修建青藏公路而建的城市，公路通车又助力了格尔木的城市建设。

莫河驼场，承载着几代驼工历史记忆的边远小镇，因骆驼而存在，与青藏公路有着不解之缘。

1955年2月24日，中央批示撤销西藏运输总队，转制为国营青海省柴达木骆驼场，地点在海西蒙古族藏族自治州乌兰县茶卡镇的莫河乡，这是共和国第一个国营骆驼场。张子林任首任场长，大部分修路驼工拉着剩余的骆驼跟随张子林去了刚刚成立的莫河驼场。

1951年，驼工们拉着骆驼驮运物资随驻藏部队进藏，1952年护送十世班禅进藏，1953年参加西藏运输总队运粮援藏，1954年随慕生忠修筑青藏公路，西藏运输总队的驼工们为进军拉萨和青藏公路建设做出了巨大的贡献。

莫河驼场作为"西藏运输总队的传人"，20世纪五六十年代在柴达木盆地运输物资、追剿土匪、开荒种地、资源勘探等方面，演绎了一幕幕可歌可泣的历史。

二、将军楼

格尔木，自从慕生忠从地图上找到"噶里峒"三个字时，就注定了他与这个地方的不解之缘。在他豪迈地宣称"这里就是格尔木"时，也就开启了格尔木高原兵城的使命。

此后，格尔木不仅担负着驼队运粮的后勤保障任务，还成为修筑青藏公路的大本营。

1954年12月，青藏公路通车典礼结束后，慕生忠带上他的筑路团队回到大本营格尔木。慕生忠宣布：青藏公路已经修好，休假3个月。回家后不想来的，可以不来了。几个月过去了，回老家探亲的民工们又回到了格尔木。他们中间已有人带着老婆孩子来了，要定居在格尔木了。慕生忠问他们，为什么又回来了。这些民工的回答很朴实："自己养的娃儿还是自己亲，舍不得离开青藏公路和格尔木……"

1955年4月，青藏公路格尔木房建队成立。修筑青藏公路的功臣们又在格尔木开始了城市建设的工程。根据格尔木天寒风大的气候特点，房建队开始修建半地下式的房子，房子下半部挖在地下，

格尔木第一家建材企业——砖瓦厂

上半部用土坯垒就，俗称"地窝子"。造这种半地下室式的房子，首先是在地下挖下去半人多深的地坑，然后就地取材，用骆驼架杆当梁，砍来红柳枝条铺顶，割来罗布麻和泥抹墙。"地窝子"建成，人们终于从帐篷搬进了"地宫"。格尔木变成了一座"地下城"，地面上的标志是一个个参差不齐的黑色粗烟筒。初来这里的人不小心会走到人家屋顶上去，甚至发生过汽车开上房顶的险情。第一家百货商店，就设在地窝子里，以致初来乍到的人站在商店的房顶上，还找不到商店在哪里。

后来，发现盐湖后，人们在盐湖附近试着盖"盐巴房"。用坚硬的盐做成盐砖，用盐池的卤水当浆，边垒边抹，把墙砌得像石壁一样，用石头一敲，洪钟般作响。

1955年5月11日，青藏公路管理局在格尔木成立。该局的任务是以格尔木为基地，负责长草沟到格尔木的公路修筑及格尔木到拉萨段的公路改建和养护，并担负进藏物资的运输任务。慕生忠被任命为青藏公路管理局局长、党委书记，青海省委常委、柴达木工委常委和中国人民解放军青藏公路运输指挥部总指挥。慕生忠的老搭档任启明任副局长。

在格尔木建设中，慕生忠号召人们要安下心，扎下根，做柴达木盆地的第一代建设者。他说："我们不仅要在世界屋脊上开辟一条平坦的大路，还要在柴达木盆地建设起一座美丽的花园！"

在创建格尔木基地时，他发起了一个"共产主义礼拜六"的活动。即每个星期六，他以身作则，拿着锄头、筲帚，和干部群众一起开渠引水，种菜种树，打扫卫生，建设美丽的戈壁新城。

1957年，慕生忠带领大家开始打坯、烧砖造房子。当砖瓦厂烧出第一窑砖、石灰厂烧出第一窑灰后，慕生忠主持建造了格尔木城市建设史上的第一座建筑——20多间窑洞房。陕北工匠的手艺，内圆外方，前有门后有窗，宽敞明亮。20多间窑洞房就是望柳庄招待所，格尔木最高级、最漂亮的建筑。

不久，城建队建起了一座小二层楼房，作为青藏公路管理局的办公地点。这座小楼分上下两层，楼体外观由青砖白灰砌成，上楼台阶建在楼的外侧。整栋楼有大小10余间房间，门窗上刻有五角星。小楼的旁边还配套修筑了单元式砖木结构平房，因其外形像一架飞机，被称为"飞机房"。

这是戈壁滩上建造起来的第一座楼房，慕生忠在这里居住和办公，有会客厅、书房、卧室、储物间、伙房，其中三个房间还铺有木质地板。当年，这座小楼是格尔木的最高点，站在楼顶，格尔木全城便一览无余。这座小楼后来被人们亲切地称为"将军楼"。

1958年10月，国防部部长彭德怀来格尔木视察。当飞机在格尔木察尔汗盐湖机场降落后，彭德怀看到一辆辆汽车在万丈盐桥上奔驰，不禁兴奋地说："这机场好气派啊，这公路也非同一般哟！"

筑路工人和官兵闻讯前来欢迎元帅，彭德怀挥手高声对大家说："同志们辛苦了，我向大伙表示慰问。人总要有一点精神，做一番事业的。你们在世界屋脊上修通了公路，在柴达木建起了新城，这是很了不起的事情。希望同志们继续奋斗，不断进取。"

翌日，在慕生忠的陪同下，彭德怀实地考察了青藏公路，并登上了昆仑山口。看到千年戈壁滩上栽种的白杨，泛起一片片绿荫，当年野兽出没的荒原，盖起了一排排整齐的房舍时，彭德怀高兴地说："感谢筑路英雄们为开辟青藏公路付出的辛劳。"

彭德怀视察格尔木

　　彭德怀这次视察离开格尔木后，还念念不忘高原建设，指示总政治部将当年军事院校7000多名毕业生分配到青藏高原参加建设。
　　"将军楼"名称的来历也有几种说法：一说它是慕生忠将军曾经办公和居住的地方，故取名"将军楼"；另一说法是继彭总之后，该楼又接待过朱德、叶剑英、习仲勋、杨成武、张达志、洪学智等诸多国家领导人，格尔木人以此为骄傲，便叫它"将军楼"。
　　1958年10月20日彭德怀元帅到将军楼之后，是年11月，时任国务院秘书长的习仲勋同志视察格尔木时也亲临将军楼。1959年6月6日，班禅额尔德尼·确吉坚赞大师一行37人前往北京，乘飞机到达格尔木时，也到过将军楼。
　　在历史的岁月中，将军楼已经成为格尔木开发的历史见证。

将军楼

习仲勋视察格尔木的新闻报道

在将军楼的西侧墙下,有一个凹进去的石洞,这是一个专门设计的拱形窑洞,3尺进深,是关放一只狗熊的狗熊洞。

一次,慕生忠上山指导工程,途中遇到了一只迷途的小狗熊,便将它带了回来。起初养在地窝子里，后来盖楼，他特意指示设计了这个石洞，于是便有了将军楼里的狗熊洞。

在第一代格尔木人的建设下，格尔木城市面貌一新，农场、砖瓦厂、修理厂、商店、医院、学校、书店、邮局、银行、秦腔剧院等拔地而起。地窝子、土坯房连成了一片，几个运输队及人民解放军的几个汽车团在这里安了家，车轮滚滚，到处一片热火朝天的建设景象。

从慕生忠担任青藏公路管理局局长时的一份讲话材料中可以看出，1957年时，格尔木已经出现了义务劳动路、青年路、共产主义礼拜六路、敦噶路、二马路等5条大街，植树36万株。"绿化这个城市，使它披上绿色的服装，永远青春年少"是格尔木人心中美好的愿景。

到了20世纪80年代，由几顶帐篷发展起来的格尔木，已经成为一个初具规模的高原小城了，有人称它为"昆仑山下的明珠"。如今，随着青藏铁路的开通，格尔木已成为连接西藏与祖国内地之间最重要的交通点，格尔木市也逐步发展成为青藏高原上继西宁、拉萨之后的第三大城市。

三、青藏铁路之梦

1955年5月，青藏公路管理局成立后，慕生忠又被点将担任青藏公路管理局局长、党委书记，老搭档任启明任副局长，修筑青藏公路的功臣再次聚到一起，齐天然担任敦格公路总段段长，邓郁清担任公路处副处长，张兆祥担任运输处处长，吴葆琨担任监理所所长等，慕生忠和他的团队从青藏公路建设者变成了养护者和管理者，保护着这条西藏运输的生命线。

1955年底，慕生忠被授予少将军衔。荣获二级八一勋章、一级独立自由勋章、一级解放勋章。

1955～1959年慕生忠任青藏公路管理局局长期间，在公路沿线分别设立了养路段、道班及运输站，对公路进行养护，保证道路通畅。对当初修路时的一些急造工程，如天涯桥、沱沱河水下桥则进行了升级改造。这期间，慕生忠带领全局职工白手起家，克服了种种困难，在拔海4000多米的雪山草地间，大力修盖房屋、建设城市，兴办厂矿、农牧场、加工厂等各种企业59个，开垦了4万亩荒地，初步改变了青藏公路沿线的荒凉面貌。

1959年，西藏上层反动集团公然违反《十七条协议》，悍然发动全面武装叛乱。为了保障平叛战斗中的物资供应，慕生忠和青藏公路管理局干部职工，全面研究了在原有条件下提高运输效率的问题，采取了许多应急措施，超额完成了繁重的运输任务，为平叛作战的胜利做出了贡献。

千百年来艰苦的自然条件和闭塞的交通，阻碍着西藏与内地的交流，也严重制约着西藏的发展。青藏公路的建成通车，解决了西藏与内地的交通问题，推动了西藏经济社会的发展。但是，公路运输的运力有限，当时年运力只有几十万吨，而运输费用却相当高。当时拉萨一吨煤炭的价格是700元，其中运输成本就达到600元；往拉萨运送一车汽油，路上就要消耗掉三分之一。

要降低运输成本，速度快、运量大的铁路运输无疑是最好的解决方案，也就是说，要想加快西藏发展速度，就必须要建设一条通往西藏的铁路大动脉。

千里之外的北京,一直关心西藏交通的毛泽东,将修筑青藏铁路的重任交给王震将军,让他出任铁道兵司令员。王震立下军令状:"一定把铁路修到喜马拉雅山下。"

自然条件恶劣,使得青藏公路运输也存在很大的危险性。夏季雪水融化,经常出现翻浆、洪水冲毁路面的情况;冬天大雪封山,道路湿滑难行,稍有不慎,就可能车毁人亡。慕生忠也深知,要从根本上克服进藏交通的困难,还要靠铁路。

1955年10月,慕生忠带领铁道部西北设计分院(中国铁建所属中铁第一勘察设计院前身)的曹汝桢、刘德基、王立杰等几名工程师,开着一辆破旧的美式吉普,沿青藏公路再次进藏,就修建青藏铁路的可行性进行实地调查。

慕生忠熟悉这里的一山一石,沿途调查,他成了大家的向导。他们翻昆仑,越唐古拉,一路勘察,行程2000多公里,画出地形草图,拟定了与青藏公路基本平行的线路走向。当时可能出没的土匪让几个年轻的工程师一路紧张到了拉萨。

三个月的实地调查结束,曹汝桢一行回到兰州,向铁道部西北设计分局正式提交了第一份青藏铁路建设可行性实地调研报告,并附带厚厚一沓资料,报告明确提出:"青藏高原的地貌对于修铁路毫无影响,如果不是高原缺氧,其工程难度远不及内地的高山大江。另外,冻土问题不攻克,就会成为修筑铁路无法逾越的障碍。"最后结论是:"青藏高原可以修铁路,但要解决缺氧和冻土问题。"

1956年,铁道部批准了修建进藏铁路的前期规划,开始进行青藏铁路勘测设计工作,由青藏铁路第一任总设计师庄心丹带队,对进藏铁路进行全线勘测。1958年12月3日，国务院批准组建了青藏铁路工程局，慕生忠兼任局长。青藏铁路（西宁至拉萨）第一次出现在国家铁路建设的议程之内。

1956年11月至1957年7月，在苏联专家的帮助下，对青藏铁路进行了历史上第一次航空选线。1958年5月，兰青铁路正式开工，同年9月，青藏铁路西宁到格尔木海拔3700米的关角隧道悄然开工。同时，西北设计分院抽调了近600人的队伍，开展了格尔木至拉萨段的初测工作。

1959年3月，经历过朝鲜战场洗礼的铁道兵，满怀豪情，第一次踏上高原，拉开了青藏铁路施工建设的序幕。

由于国家经济困难，只能满足部队一半的给养。同当年慕生忠带领筑路团队修筑青藏公路一样，铁道兵战士们挖野菜、打野鸡，甚至捉地老鼠补充食物；没有像样的施工装备，就用钢钎、铁锹一寸寸地凿、一铲铲地挖，靠人拉肩扛一米米地修，凭着"铁道兵前无险阻"的气概，硬是以血肉之躯，在海拔5000多米、素有"冰雪仓库"之称的风火山建成了最早的冻土试验工程，在格尔木以东几百里的荒原上摆开了战场。

到1960年，青藏铁路的初期勘测设计工作进展顺利，部分线下工程已经具备提交施工图纸的条件。但是，由于"三年困难时期"，国民经济困难，1960年6月，青藏铁路工程局被撤销。1961年3月，在全国基建一片"下马"声中，青藏铁路也被叫停，已完成的全线初步设计和部分施工设计的所有的资料被封存了起来。

十二年后的1973年，毛泽东在接待来访的尼泊尔国王比兰德拉时表示，要加快修建青藏铁路。在党中央的决策下，1974年，沉寂了整整十三年的青藏铁路又一次迎来建设高峰。一方面是西宁至格尔木段恢复施工，6万铁道兵集结青藏高原；另一方面是汇聚全国1700多名科技人员，开展格尔木至拉萨段科研攻关大合作。另外，铁道部第一勘测设计院的6个勘测队对站舍、路基、桥梁、隧道等都进行了工程设计，光人工手绘的图纸就可装满两大卡车。定测后施工的木桩，一根一根地从柴达木盆地运往昆仑山和唐古拉山。

英雄的铁道兵战严寒、斗缺氧、克盐湖，用了5年时间，向西推进了800多公里，1979年终于将铁轨铺到了格尔木。1984年，西宁至格尔木段814公里铁路正式通车。

青藏铁路1958开工建设，1961年被叫停，几经曲折，到1984年一期工程西宁至格尔木建成通车，整整26年，终于圆了青藏铁路之梦。

"有昆仑山脉在，铁路就永远到不了拉萨。"20世纪美国旅行家保罗·泰鲁如此断言。早在104年前的黄浦江畔，一代伟人孙中山就向《纽约先驱报》记者、澳大利亚人威廉·亨瑞·端纳披露了自己宏伟的造路计划。孙中山的这个计划不但要修建十万英里的铁路系统，甚至还包括两条穿越"世界屋脊"、从兰州和成都直通拉萨的高原铁路！

端纳后来在致友人的信中说："那个地方连牦牛都上不去，怎么可能架设铁路呢？我确信孙不仅是个疯子，而且比疯子还要疯。"

端纳没有想到，"修建高原铁路"这个充满浪漫主义、看似不可能实现的梦想，在其后整整百年时间里，在新中国建设者的手中变成了现实。

第十章　生命天路

历史证明西藏与祖国内地的联系是历代延续下来的，也正是这种长期的联系，增强了藏汉民族的内聚力。

青藏、康藏公路的通车，是新中国社会主义制度下，中国人民用自己的勇气和力量，在西藏与祖国内地之间架起的一条生命线，它用实际行动再一次证明西藏是中国不可分割的一部分。

"地上的长虹，幸福的金桥。"这条生命的天路把党的温暖带到边疆，为藏家儿女带来幸福，为西藏的建设和发展提供了保障。

一、统一之路：西藏是祖国不可分割的一部分

西藏位于中国西南边疆，青藏高原西南部，唐宋时期称为吐蕃，元代归于中央政府直接管辖，被称为乌思藏，明代继续称乌思藏，

也被称作西番,清代康熙朝之前,一般称西藏为"图伯特"或"唐古特"。康熙时代,一些官书记载开始出现"西藏"一词。民国以后,普遍使用西藏这一名称。

公元630年,松赞干布继任赞普王位,统一整个西藏高原,建立吐蕃王朝,而这一时期正是中原唐王朝经济、文化高度发展的贞观年间。松赞干布及其后来的赞普都积极与唐朝建立联系,进行交往。641年松赞干布与文成公主成婚,并派遣贵族子弟到长安学习,唐蕃关系进入良好发展时期。710年吐蕃赞普赤德祖赞又与金城公主成婚。唐蕃两次联姻,双方结成"舅甥之好",这既是双方经济文化长期交流的结果,同时它又进一步促进了西藏与内地的联系和交流。

13世纪初,蒙古势力崛起并不断向外扩张。1247年,成吉思汗之孙——西凉王阔端在凉州(今甘肃武威)与当时西藏最有声望的萨迦派宗教领袖萨班·贡嘎坚赞会面,并协商议定了西藏归属蒙古的条件,西藏地方归顺蒙古汗王。1264年,蒙古通过设立掌管全国佛教事务和藏族地区行政事务的总制院,来管理西藏事务。1271年,忽必烈建立元朝之后,曾多次派员进藏清查户口,确立赋税,在西藏先后设立了15个驿站,传送公文。此外,元朝中央政府在卫藏和阿里地区还封授大小领主担任宣慰使和万户长,承认并肯定了他们对土地和农奴的占有关系。如此一来,西藏封建农奴制正式确立,并通过朝廷法令得到加强,西藏地方遂成为元朝中央政府管辖下的一个行政区域。

明朝建立后,朱元璋即派人前往西藏,诏谕各地僧俗首领归顺明政府,招抚各地头人,为他们换取明朝新敕印信。明朝对西藏的管理承袭元制，特别是朱元璋采用"多封众建，尚用僧徒"的政策，封赐和笼络藏传佛教上层人物，使得明朝与西藏的关系一直比较稳定。终明之世，西藏地方从未发生过反对明朝的叛乱。另外，自唐宋以来形成的西藏与内地的茶马互市，在明代也有了进一步发展，在明政府的治理之下，西藏与中原内地的经济联系进一步加强。

1644年满清入主中原后，特别重视对各民族的治理，尤其注重在西藏的施政措施。根据西藏的民族宗教特点，1653年，顺治皇帝邀请五世达赖来北京接受册封，这实际表明中央政府对达赖地位的确认。从此，历世达赖都要经过中央政府的册封，"达赖喇嘛"封号开始具有政治意义和法律效力。1727年，清政府特别设置了驻藏办事大臣，自此开始，中央政府向西藏直接派遣常驻官员，来加强西藏地方与中央政府的联系。1793年，清政府派兵打败入侵西藏的廓尔喀部之后，奏定《钦定西藏章程》（又称"二十九条章程"），章程明确规定清朝皇帝与达赖喇嘛、班禅额尔德尼之间是主属关系，规定这两位最高宗教领袖的选认需得到清政府的监督和确认，同时，还规定了驻藏大臣的职权及其与达赖、班禅的关系。章程明确规定所有涉外事务都由钦派驻藏大臣统一管理，还涉及了对西藏地方政府官员的设置，包括对地方官员的任免程序和奖惩办法。此外，对寺庙和僧侣、贸易、钱法、租赋差徭、司法等也都作出规定。这一章程的突出特点是强调驻藏大臣的地位和职权，反映了清政府对西藏地方的直接管辖权。"二十九条章程"内容系统完善，是清代对西藏的立法文本。从以上历史发展过程和具体施政措施，以及法律文本都明确显示：清政府对于西藏拥有绝对的主权。

1840年鸦片战争后，西方资本主义势力逐渐向中国发展。长期以来，西方殖民者对西藏进行了一系列旨在使西藏脱离中国的阴谋活动。早在18世纪中期，英国在控制印度以后，就企图从印度侵入西藏。1768年，英国东印度公司董事会就提出建议，要求搜集西藏情报，企图以西藏为入口打开欧洲商品在中国西部的市场。1774年，第一任印度总督哈斯丁斯派博格尔（G.Bogle）到日喀则，并企图到拉萨活动。当时八世达赖年幼，由第穆呼图克图摄政。第穆对英国的侵略野心有所警觉，他在给班禅的信中写道：英国人"爱好战争，他们千方百计设法进入以后，就会制造骚乱，使自己成为当地的主人"。对于博格尔去拉萨的请求，第穆以"他和全西藏必须听命于中国皇帝"为理由，予以拒绝。这一时期英国势力虽一再企图侵入西藏，但都失败了，这与清政府对西藏的治理和保卫分不开。清政权的建立，包括西藏在内的大一统版图的巩固，以及清帝国国家力量的强大，才使得西藏免遭西方势力的侵略。

1856年第二次鸦片战争以后，外国资本主义对中国的侵略逐步加强，中国传统社会开始衰退，整个国家处在一种向近代化转型的挣扎与努力之中，相应地，清朝政府保卫边疆、保卫西藏的力量也被严重削弱。1864年，印度总督哈定和英国驻华公使向清政府提出要求，划分刚被英国征服的印度拉达克与中国西藏阿里的边界，并要求通商。清政府对此进行交涉，认为"西藏本有定界，无庸再勘，通商系原约（指《南京条约》及《中英五口通商章程》）所无，不得违背"，但在英国的种种压力和威胁下，清政府被迫同意英国提出的划界和通商要求。虽然最终由于阿里和克什米尔地区交通阻塞，定界和通商没有实际进行，但是，英国通过控制印度来实现干预和侵略中国西藏的目的和计划开始一步步实施。

19世纪六七十年代，国内外形势发生了新变化。首先，西方资本主义发展逐渐进入帝国主义阶段，开始对中国进行资本输出，并强占租借地，侵占中国边疆地区。外国势力在对中国经济上疯狂掠夺的同时，也在政治上对清政府强加控制，进一步削弱清政府保卫边疆的力量。其次，与中国西藏邻近的不丹、哲孟雄、尼泊尔、拉达克等国家和部落，先后被英国或控制或占据，这些地区被英国利用，成为进攻西藏的据点。第三，19世纪六七十年代"英国特别加紧夺取殖民地"，这时英、俄大批"探险队"到西藏"调查"，进行对西藏的争夺。在1876年签订的《中英烟台条约》中，英国强迫清政府订立专条，准许英国派员经甘肃、青海、四川入藏，或直接由印度进入西藏。可见，英国对西藏地区的侵略日益明显和猖獗。

19世纪80年代，侵入锡金的英国官兵，非法越过当时西藏与锡金边界进入西藏隆吐山，深入藏地探路，并派人进至隆吐山以北开路建站。西藏噶厦政府多次阻止无效，便于1886年派藏军在隆吐山建立哨卡设防，并在哨卡旁塑立了西藏的护法神像。英国随即反诬藏军侵入了锡金境内，向清廷提出要噶厦限期撤除隆吐山哨卡，并集结2000兵力于隆吐山以南，做好北攻的准备。清廷惧怕藏边发生战事，要求噶厦撤卡撤兵。但是噶厦和三大寺都认为隆吐山是西藏领土，因此反对清廷的后撤命令。驻藏大臣文硕也感到英国居心叵测，支持噶厦的抗英主张。面对英军的挑衅，噶厦也派去两个代本率900多名藏军，布置于隆吐山及其以北一带，加强边境防务。

1888年是藏历的土鼠年，是年3月20日，英军开始向驻守隆吐山的藏军发动进攻。西藏官员多吉仁增等率领藏军勇敢反击，但最终隆吐山失陷，剩余藏军被迫后撤至亚东、帕里等地。甲午战争失败后，帝国主义掀起瓜分中国的狂潮，英国也加紧分裂西藏的活动。英国驻印度总督寇松抛出所谓"宗主权"问题，公然发表不承认中国对西藏主权的谬论，他说他要解决的"不仅仅包括锡金边界的小问题，而是要包括我们（指英国）与西藏的商业或其他方面的未来关系的全部问题"。寇松为了否认中国对西藏的主权，企图抛开清朝政府与西藏地方当局直接谈判。他写信给十三世达赖，但都被退回。达赖表示：在没有与清朝政府和驻藏大臣商量以前，按照以往规定，他不能与外国政府通讯。因此他拒绝接受寇松的信件。达赖的立场使寇松直接与西藏谈判的计划和目的失败了。

寇松在发出否认中国对西藏主权叫嚣的同时，已经准备发动对西藏的第二次武装进攻，企图"变西藏为实际上的保护领"。1903年，英属印度政府派荣赫鹏率军进犯西藏，英军于11月占领亚东，1904年4月进攻江孜，在英军攻打江孜宗城堡时，藏军进行了英勇的抵抗。据英国侵略军的随军记者埃德蒙康特莱记述：面对英军炮兵榴霰弹和机枪、步枪的猛烈射击，藏军视死如归，顽强抵抗。英军攻陷江孜宗城堡后，又攻占了白居寺，抢走大批珍贵文物。最终，英军占领了整个江孜，屠杀了众多藏胞。7月14日，麦克唐纳率4000多英军从江孜出发，向拉萨前进。17日，英军在卡惹拉遭到伏击，经过激战，突破藏军千余人的防御阵地。之后，藏军的防线基本瓦解，英军未遇到多少抵抗，于8月3日进入拉萨。

1912年1月1日，孙中山就任临时大总统时即宣示："合汉、满、蒙、回、藏诸地为一国，则合汉、满、蒙、回、藏诸族为一人，是曰民族之统一。"在随后颁布的《中华民国临时约法》中也明确规定："中华民国领土,为二十二行省,内外蒙古、西藏、青海。"可见,中华民国一建立,依据历史传承,国民政府就对外宣布,西藏是中国的领土,并采取了一系列稳定边疆、维护西藏主权的措施。这时期,虽然英国以寇松提出的所谓宗主权谬论,制造各种事端挑唆"西藏独立",国内外分裂势力对此大做文章。然而历史事实证明,民国以来西藏仍然是中国不可分割的一部分。

对于西藏事务,国民政府专门设立了"蒙藏事务委员会"这一管理机构,加封达赖喇嘛和班禅额尔德尼。有关西藏事务的处理,国民政府明确规定"对蒙藏回疆应办事宜","均各仍照向例办理"。西藏作为国民政府的一个地区,开始派代表参加全国会议。1913年北京成立国会时,拟定了《西藏第一届国会议员选举法》,根据这一法律,选出西藏出席国会的议员40名,袁世凯1914年召集制定约法会议,以及1916年黎元洪总统恢复的第一届国会,均有西藏代表参加。

1928年五院制国民政府成立后也即宣示对西藏的主权,不仅如此,国民政府还认识到,要想巩固对西藏的主权,必须要在西藏进行一些基本的设施建设,以加强内地与西藏的联系。但直至抗战爆发前,西藏与祖国内地之间没有公路相通,运输和商贸往来靠的是清朝时的所谓"驿道",这些驿道的大部分路段不过是些羊肠小道,而且有许多地方异常险峻。九世班禅就曾向国民政府提出建设西藏的计划,计划中谈到了"拟先开辟青藏长途汽车公路",国民政府对班禅的方案极为重视,将其修改以后定名为《西藏建设初步计划》,其中有:"(1)公路:……拟就旧时西宁至拉萨驿道，修筑西宁拉萨公路，……拟请由铁道部派员，随同班禅前往，详细勘测，造具修筑计划，呈准施工。"但随着抗战的爆发，修筑西宁至拉萨公路的设想只能搁浅。

全面抗战爆发后，日本先后占领华北、华东、华南一些重要城市，中国经沿海通往外部的交通运输线面临被随时阻断的危险。开辟西部交通线，打通印度及印度洋国防通道日见紧迫。川藏、青藏交通建设成为一个迫切的现实问题。1938年12月1日，哲蚌寺大会电呈国民政府，希望尽快修筑西藏与内地的公路。稍后，西藏佛教三大寺代表罗桑团月喇嘛也致函蒙藏委员会委员长吴忠信，称："此番前来请示，恳请中枢念西藏为中国领土之一，藏省人民土地财产亟待管理与启导，开发西藏、保护西藏，实目前抗战建国迫切需要之事。今有数点待办之事，恳求准予早日俯允以建新西藏，增加抗战实力，免为外人所占。"罗桑团月所呈报的"数点待办之事"的其中之一，就是"请求中央速派工程人员赴藏修筑公路，连接中枢，一旦有事，可迅往解决"。

鉴于此，1940至1941年，国民政府计划修建一条穿越西藏东南部至阿萨姆平原的物资供应线，英国政府极为"震惊"，认为这条线路的修建会损害英国在西藏的利益，反对国民政府的这项物资供应路线计划。不仅如此，还挑唆西藏地方政府的分裂活动。在其挑唆下，噶厦于1942年7月成立"外交局"，"以办理中国及其他外国交涉事件"。

对此，英国大为欢喜，并宣称：目前应不受限地通过新成立的所谓"西藏外交局"在拉萨处理西藏对外事务。

国民政府对于此事反应非常强烈。蒋介石指出："英国干涉我国西藏之政策与态度,毫未改变。"他谴责"外交局"的成立,以及噶厦派所谓外事局人员向中央驻藏办事处交涉事件,是"视本国为外国,视祖国为异国"的行为,指出"必须认识西藏乃是中国领土之一部,西藏同胞亦为中国同胞之手足",强调"西藏主权,必须恢复完整,现存种种不合正轨之情况,必须自动改进,否则即为违反时代潮流,而为我国抗战建国前途之所不容"。他批评噶厦受人唆使,指出:"凡事只须服从中央政府命令,遵守中央既定国策,力求统一进步,则中央政府爱护扶持之不遑,即任何国家,亦不敢侵略我西藏主权,欺压我藏族同胞。"

正因为如此,蒋介石把1943年作为"西藏主权之收回"年,并把"予以高度自治权,惟外交与国防应统一于中央"作为解决西藏问题的基本原则。4月,国民政府对英严正声明中国对西藏主权立场的同时,采取相应的军事措施,下令青海、西康、云南三省出兵,对西藏部分分裂分子的分裂行为进行震慑。对于中国政府的严正行为,英国借口"西藏深感不安"提出抗议,宋子文代表中国政府回应:"一国之内部队之调遣,实与另一国无关,至于一国之中央与地方接洽事件,无论其友国如何友好,亦无友国代为转达之必要。"

1944至1949年间英国政府再次煽动西藏"独立",因为英国人把西藏看作印度的屏障,妄图把西藏变成强国间的缓冲地区,以保证其在西藏和印度的利益。为此,英国政府积极推进它的西藏策略。1945年9月21日至1946年1月31日,驻锡金政治专员霍普金斯进入西藏,同噶厦"讨论西藏在印度,即使不在新德里,那么至少也要在甘托克派驻代表的可能性"。在霍普金斯的诱骗下,达扎派遣亲信夏格巴秘密前往印度与英印政府商议,其中一条就是关于中国政府在西藏修路问题。英印政府宣称"除疆界问题须以西姆拉会议为划分之根据外，其他各项认为均不利于西藏，尤以修筑道路,实足影响西藏之独立及生存"，要求达扎"绝不可承认"。可见，英国政府把西藏通往内地道路的修筑和开通，看成是对其怂恿"西藏独立"政策并影响英国在西藏利益的最大威胁。而对于国民政府来说，经过四川或青海，修筑一条通往西藏的道路，是表明中央政府对西藏主权的有力证明，也是密切内地与西藏关系，加强政治、经济、文化交流的事实证据。但是，由于抗战时期国家的困难处境，特别是国民政府的政治制度本身的缺陷，致使它无力更多顾及西藏问题，事实上，国民政府也没有能力、没有力量和决心来实施川藏公路、青藏公路的建设。

中华人民共和国成立之前，西藏地方的形势非常严峻。一方面，由于南京国民政府后期的治藏政策出现偏差，使西藏地方的爱国力量受到严重打击，而反动力量更加肆意妄为。另一方面，英国极力策动"西藏独立"，使西藏反动分子的气焰日益嚣张。而此时美国开始支持"西藏独立"，并派间谍进藏活动，训练西藏特工人员，鼓动西藏当局派出所谓"亲善使团"前往各国。印度则继承英国对藏方针，干涉中国内政，染指西藏问题，教唆西藏当局制造了第二次"驱汉事件"。这些都是中央人民政府将要面对的问题，这也给和平解放西藏的历史进程增加了困难。

历史证明西藏与祖国的联系是历代延续下来的，具有历史的连续性，也正是这种长期的联系与主权的行使，使得西藏与祖国的内聚力越来越强。

1949年中华人民共和国的成立和西藏的和平解放，彻底粉碎了西方国家妄图使"西藏独立"的阴谋,而青藏、康藏公路的建成通车,是新中国社会主义制度下,中国人民用自己的勇气和力量,在西藏与祖国内地之间架起的一条生命线,它用实际行动再一次向世界证明中华人民共和国拥有西藏主权,西藏是中国不可分割的一部分。

二、团结之路：为藏家儿女带来安康

西藏和平解放前,长期的内外困境,造成藏汉民族间的隔阂和藏族内部的不团结。和平解放后,中共中央和中央人民政府派往西藏的工作人员和驻藏人民解放军,坚持党的民族政策和《十七条协议》,帮助西藏地方开展各项建设。在青藏公路建设中,汉、藏、回等民族共同参与,相互了解,加强了民族联系,对密切中央和西藏地方之间的关系都起到了积极作用。正如陈毅同志在西藏自治区筹备委员会成立大会上的讲话中所说的："在短短的时间内,能够结束长时期以来为帝国主义者和汉族反动统治阶级蓄意制造的汉藏两大民族的对立和西藏内部分裂的状态,这就是我们几年来最根本的最大的成就。"

十八军独立支队进藏干部来自全国各地,进藏前都在认真学习和平解放西藏"协议"、党的民族政策和宗教政策,以及解放军的三大纪律八项注意。部队经过艰难险阻,翻越唐古拉山,进入西藏境内后,独立支队总指挥部强调：要严格遵守党的民族政策,教育全体指战员把民族政策作为部队的纪律,严格遵守,不得违反,同时颁发了《入藏守则》,要求以政策纪律重于生命的态度,坚决贯彻执行。

《入藏守则》共十二条：

> 第一条，西藏情况不一般，政策纪律首当先，和平协议须熟读，宣传办事作指南。
>
> 第二条，喇嘛寺庙要保护，不得随便去乱游，风俗习惯应尊重，各行各是都自由。
>
> 第三条，西藏边境是国防，外交大事属中央，听到看到快报告，不准胡乱出主张。
>
> 第四条，西藏同胞送礼物，只准接受一哈达，若经批准收受了，必须加倍去酬答。
>
> 第五条，藏民帐篷和土房，不经许可莫进闯，主人欢迎左边进，亲热和蔼礼周详。
>
> 第六条，购买物品要统一，公买公卖两相利，私人若要买东西，请到合作社里去。
>
> 第七条，人民军队纪律严，不拿群众一针线，借用东西要早还，烧了牛粪须付钱。
>
> 第八条，草地藏民多牧群，拾了牛马还主人，自己牲口若跑掉，报告组织再去寻。
>
> 第九条，行军序列要整齐，宿营帐篷按次序，请假外出莫单行，时刻注意军风纪。
>
> 第十条，西藏情况很复杂，是非闲话莫轻信，抱定团结大主张，说服解释不乱论。
>
> 第十一条，宗教信仰要自由，改革保持莫强求，发展

农牧工商业，有吃有穿不忧愁。

第十二条，汉藏兄弟是一家，友爱合作力量大，驱逐英美野心狼，巩固国防保中华。

《入藏守则》的这十二条规定，对教育干部起到了很好的作用。

青藏公路的筑路队伍，由汉、回、藏、蒙古、东乡等多民族组成，既有军人也有驼工，既有知识分子也有普通百姓。在青藏高原上，各族人民亲密友爱和团结，他们为了西藏人民的幸福这一共同目标，顽强地拼搏实干。正是这种兄弟之情和民族之爱，汇成一种不可战胜的力量，让他们闯过可可西里，征服巍巍昆仑，建成了高原金桥。

工程开始的时候，正好赶上伊斯兰教的闭斋期，第一工程队有70%的人是回族。根据宗教习惯，穆斯林群众在闭斋期间，有1个月的时间白天不进饮食。上级指示要尊重穆斯林的宗教信仰，让所有回族队员停工休息。但是回族队员一致认为如果闭斋肯定会影响工程进度。眼下情况特殊，修好公路是头等大事，用实际行动修路也是爱国、爱伊斯兰教的表现。他们决定打破常规，正常饮食，确保体力充沛，把路修好，并向上级写了封请战书：修公路是各族人民的大事，是社会主义建设的大事。我们全体愿意不举行长时间的封斋，我们要用实际的修路行动，来表示我们对教的忠诚，对祖国的热爱。

回族同志们的请战感动了全体筑路队员，也鼓舞了大家的斗志，但是领导们考虑到要尊重民族信仰，还是坚持给他们放假。最后回族同志们提出：举行一次礼拜，作为他们的闭斋仪式，这样他们就算度过了闭斋期。举行仪式这一天，总指挥部专门给回族筑路队员放了一天假。

运输总队在安多建有运输站,运输站的雷普川医生,经常帮助藏族人民治病,安多头人的病也经他治愈,因而得到了当地头人和牧民的信任。任启明带领的探路队在安多勘察线路时丢了一匹马,到达运输站时,告诉雷普川医生,希望雷医生找头人帮忙找马。头人答应赔偿一匹。任启明考虑这种做法不妥,提出了三条意见请雷医生转告头人:(一)不是我们自己的马不要;(二)对拾得我们马的人,只要还马,概不追究;(三)给还马者送哈达和砖茶,表示谢意。在头人的帮助下,探路队的马终于找到了。经过这次找马,当地藏族群众消除了对筑路队员的戒心和敌意。后来在公路修到此地时,当地群众与修路大军相处融洽。藏族同胞转移牧场的时候,还放心

藏族民众为筑路队伍送来了酥油茶

地把东西寄存在运输站。

羊八井石峡道路修通后，工程推进到拉萨郊区的堆龙德庆宗，这里是康藏线和青藏线的交会口，是青藏公路沿线经过的唯一的农业区，在定线和设立供应站的过程中，需要占用牧民的耕地。早在筑路队进入到羌塘草原时，指挥部就派曾在交际处任过科长的张炳武到拉萨，向中共西藏工委、西藏军区和西藏地方政府汇报需要占用牧民耕地的情况，中共西藏工委、西藏军区做出以下规定：

（1）全体筑路员工和部队严格遵守民族地区的风俗习惯；

（2）修筑公路不准占用寺院、佛塔等建筑物；

（3）由地方代表、当地头人和青藏公路筹备处共同协商设立供应站；

（4）购买牛粪、草料或其他物品，必须在双方自愿的原则下进行，不准抬高市价或抢购；

（5）修筑公路，如要占用耕地，须经有关方面协商，按议价付款。

为购买公路必须经过的20亩耕地，张炳武准备了两车银圆，用木箱装着，每箱1000个，共约五六万，准备将占用的部分耕地按协商价付款。堆龙德庆宗本和头人非常支持修路，并出面做工作，牧民同意将自家的地让出来修路，而且不收取费用。工委指示张炳武按议价买成青稞、茯茶、糖果、烟酒、哈达等实物，另将筑路队吃的大米分出一些，每户10斤，由头人带领，挨家挨户分送。头人和群众都十分满意,他们说:"修路是我们自己的事,占地也是应当的,你们又受苦,又送礼,这是从来没有听说过的事情,解放军真好。"有个藏族老阿妈,听说公路要从自家门前经过,便叫儿子骑上马带她去看看公路是什么样子,回来后高兴地将耕地让出来修路。

慕生忠将军本人就是民族团结的典范。无论在战争年代还是在进军西藏和修筑青藏公路的过程中,他与许多少数民族同志都结下了深厚的友谊,而他养育哈萨克族孤儿的故事更是凸显了作为一名共产党人的无私情怀。

慕生忠进拉萨不久,他和身边的工作人员在拉萨街头救济几户哈萨克人家的时候,经常看到垃圾堆旁边躺着一个八九岁的男孩,这个孩子身体瘦小,常被大孩子欺负。男孩儿衣衫单薄,冻得直打抖。见了牦牛就赶紧跟在后面,牦牛拉了屎,他赶紧把双脚踩进去,温暖一下冻僵的双脚。

慕生忠走上前问道:"你叫什么名字?家在哪里?"

男孩儿抬起头,哆嗦着嘴唇,瞪着黝黑的眼睛怯生生地望着慕生忠。

有人告诉慕生忠,这孩子叫沙塔尔,是个孤儿。经中共西藏工委同意,慕生忠派人领回遍体伤痕、满脸污垢,身上披着一块破毡片的沙塔尔。大家帮他洗澡、理发,替他换上慕生忠为他买的新衣、新鞋。一个干净、漂亮的哈萨克族少年站在人们面前。

从此,沙塔尔在自己的名字前边加了一个慕字,叫慕沙塔尔,成为慕生忠收养的儿子。不久,拉萨筹建小学,慕沙塔尔成了拉萨第一所小学的一名学生。后来,由于工作变动,慕生忠要离开拉萨。

慕生忠和慕沙塔尔一家在一起

为了使幼小的慕沙塔尔得到家庭的温暖，慕生忠把他送到兰州自己家里，由老伴薛振华抚养照顾。1965年，慕沙塔尔从民族学院预科毕业，被分配到阿克塞哈萨克族自治县当教师。告别时，慕生忠语重心长地嘱咐他：

"去吧，党培养你这么多年，要好好为哈萨克人民服务。不管走到哪里，要记住两条：第一不要忘记自己是个中国人；第二要当一个马克思主义者。还有，每个月给我写封信，谈谈你的生活、学习情况……"

1982年7月，慕生忠又一次去新疆看望慕沙塔尔，当慕生忠走下火车时，哈萨克族群众按照哈萨克族的最高迎宾礼节欢迎慕生忠的到来。王恩茂等自治区领导同志来到慕沙塔尔家中看望慕生忠父子，祝贺他们全家团聚。王恩茂说：

"你们是个民族团结的大家庭，新疆也是一个民族团结的大家庭，我们祖国也是一个民族团结的大家庭。各族人民团结起来，我们的四化建设事业就一定胜利。"

慕生忠在此次西行途中写下一首诗，以抒情怀：

> 父子至亲享天伦，
> 哈汉民族一家人；
> 祖国是个大家庭，
> 平等团结亲上亲。

> 西出阳关望儿孙，
> 天山南北满目春。
> 父子儿孙同欢乐，
> 两个民族一家人。

> 年逾古稀行万里，
> 任重道远后有人。
> 组织关怀已备至，
> 愿儿尽瘁报党恩。

慕生忠养育哈萨克族孤儿，彰显了一名共产党人的无私情怀，也是民族团结的典范。其实，整个青藏公路的修建，就是民族团结成就的时代壮举。慕生忠的筑路团队里，有汉、藏、蒙古、回、撒拉等民族，正是各民族兄弟的团结奋战，才创造出雪域天路的人间奇迹。

三、发展之路：把党的温暖送到边疆

1951年西藏的和平解放，1954年底康藏公路、青藏公路的建成通车，以及1959年开始的西藏民主改革，使西藏从封建农奴制社会一跃进入新民主主义社会，又逐步过渡到社会主义社会，社会面貌发生了翻天覆地的变化，实现了社会制度的历史性跨越，实现了新中国社会主义制度下人的解放和平等，也实现了新中国社会主义制度下民族的平等与团结互助。西藏进入到新的历史发展时期。

青藏、康藏公路建成通车推动了西藏社会制度的跨越式发展。

西藏政教合一的地方政权形式从1751年建立一直持续到1959年结束。旧西藏封建农奴制社会是中国封建社会的一部分，表现出显著的特殊性：即政教合一的上层建筑和封建领主庄园制的基本经济制度。西藏和平解放时期，封建农奴制几乎带有几个社会发展阶段的特征。如三岩地区还存在着"帕措"组织（即血亲父系集团）；在南部边缘地区的门巴、路巴、橙人等居住地方，有的还保留着原始社会形态的残余，有的已出现私有制和阶级分化，有的出现了农奴制的生产关系；在亚东一带居民多数成了资本主义雇佣劳动的脚夫。

近百年来，在帝国主义的侵略下，西藏社会也发生了向半殖民地转化的情况。帝国主义在西藏侵占土地，索取战争赔款，设立侵略机构商务代表公署，培植亲帝分裂主义势力，进行经济和文化掠夺，与封建主义相结合，固化封建农奴制度。帝国主义与封建农奴制是西藏社会贫穷落后、发展停滞的根本原因。

在西藏政教合一的社会形态中，封建农奴主阶级和农奴、奴隶阶级是两个对立阶级。封建农奴主阶级包括三大领主：官家、贵族、寺庙上层僧侣。据清朝初年的统计，当时西藏约有耕地300万克（1克相当于1亩），其中30.9%为封建地方政府占有，29.6%为贵族占有，39.5%为寺院和上层僧侣占有。和三大领主对立的农奴和奴隶阶级包括三类人：一是"差巴"，他们通过领种份地、向农奴主支差来维持生计；二是"堆穷"，就是小户人家，他们没有土地，地位比"差巴"还低一点；还有一部分是"朗生"，即"家里的奴隶"，他们没有任何财富，完全依附于贵族、农奴主，为他们无休止地干活。这些人政治上依附于贵族，经济上租借或者耕种贵族或官家的土地，支应各种劳役、乌拉差役，并且农奴的子女世代为奴。农奴的婚姻必须经得领主的同意，不同领主的农奴婚嫁要缴纳"赎身费"。旧西藏政教合一的封建农奴制非常残酷。旧西藏通行的《十三法典》《十六法典》，将人分成三等九级，明确规定了人们在法律上的不平等。这种等级制度维护统治阶级的利益，对农奴和奴隶进行压迫。这种制度一直持续到20世纪中期。

1951年和平解放，西藏实现了制度跨越，进入社会主义新时代，百万农奴获得了人身自由，走向了新生活。1954年底青藏公路、康藏公路通车，为西藏经济起步、社会进步提供了保障。

青藏公路建成通车开辟了西藏现代交通新纪元。

和平解放前的西藏，交通运输极端落后。那时，在整个西藏120多万平方公里的土地上，没有一条正规的公路，运输全靠人背畜驮。人们这样描述当时的交通情况："世上无论何人，到此未有不胆战股栗者"，还说"乱石纵横，人马路绝，艰险万状，不可名态"。西方旅行家将西藏描绘为"最高的地堡"。

茶马古道上的背夫

过去由内地运往西藏的茶叶、瓷器、绸缎和日用工业品等物资，都是从四川雅安、青海西宁和云南大理，通过崎岖山路，依靠牦牛驮运。从雅安或西宁到拉萨往返一次需一年之久。山高路险，严重地阻碍了西藏同祖国内地的交流。由于封闭的环境和交通的闭塞，西藏长期处于落后的状态。

有学者考证，公元4世纪前后，西藏与外部交往和联系的通道有三条："一条是自藏北高原出发，经康区，到西宁通往长安的东线；二是经藏北高原的突厥地区，可通往西域，也可到汉地的路线；三是经藏博、象雄等地直通天竺的路线。"但是，西藏高原南有喜马拉雅山，北有昆仑山，东面是崇山深壑的横断山脉。冰峰雪山、戈壁荒漠、长年冻土、高寒缺氧，使得通往西藏高原的道路成为令人胆寒的"天路"。

7世纪前期，松赞干布统一西藏以后，吐蕃屡屡派遣使臣向唐朝入贡、请姻，唐王朝遣人出使吐蕃，西藏和内地有了官道交通。历代香客及藏汉商旅往来，都要经历艰难的行程。"唐蕃古道"的官道，成为维系汉藏政治交往的纽带。这条大道，也一直是汉藏经济文化交流的交通要道，它加强了汉藏两族人民之间的密切交往。在漫长的1300多年间，拉萨去往西康、青海、云南、新疆等地一直是以骡马驮道作为军事、公务和商贾、香客通行的道路。

明清时期，通往西藏的驿道共有三条：一条是自打箭炉（今康定）至拉萨，称为康藏驿道；一条是自西宁至拉萨，称为青藏驿道；一条是自云南中甸至西藏洛隆宗，再由洛隆接康藏驿道至拉萨，称为滇藏驿道。因驻藏大臣往返皆以四川为正驿，且互市与贡道亦皆在打箭炉，因此康藏驿道成为主要通道。青藏驿道因道站遥远，口粮难济，水草不便，只是作为辅路存在。虽然乾隆年间为抗击廓尔喀入侵西藏，曾一度使用青藏驿道赍送文报，但因诸多不便，仅仅几个月，便又改行康藏道。

清朝对西藏驿站的设置，投入了大量的人力和财力，建各类驿、台、站、塘、铺、腰塘、宿站、尖台等二百余处，方便了各类过往人员。虽然台站、设施、路线、管理制度都较以往有所增加或改进，但是入藏之路依旧艰难。清乾隆四十四年（1779年），六世班禅入京朝觐时，选择了走青藏驿道。6月，六世班禅一行离开扎什伦布寺，

7月翻唐古拉，9月越巴颜喀拉山、过黄河沿，10月才到达塔尔寺。路途难行可见一斑。

民国时期，青藏高原传统的交通路线仍起重要作用。在20世纪二三十年代，一些交通干线得到改造，道路加宽，修建了部分桥梁。抗战时期，青藏高原交通有了一些发展，甘青公路、青藏公路、康青公路、青新公路、川康公路的部分路段，在此时期陆续修建，奠定了青藏高原近现代交通的基础。1943年，国民党政府也曾修建从西宁经玉树入藏的青藏公路，但是花了两年时间，只勉强修到玉树就停止了。

1954年12月25日，青藏、康藏公路通车，西藏结束了无一条正式公路的历史，第一次出现了现代的公路汽车运输，人背马驮的交通运输时代宣告结束。由于两路的开通，内地到西藏的时间大大缩短，物资运输与人员往来比之前有了根本的改善。西藏与内地的政治、经济、文化联系得到极大的加强。

但是，严格地讲，康（川）藏公路是一条季节性公路，每当雨季来临，山洪、泥石流等自然灾害频发，公路经常被洪水冲垮或塌方阻断，每次修复都需要花很大的财力人力。这种情况下，青藏公路的作用就显得特别重要。也正因此，青藏公路被人们誉为"高原生命线"。青藏公路承担着85%以上进出藏物资的运输任务。

1975年，国家又投资7.6亿元，开始青藏公路改建工程。这项工程在高寒冻土区铺设黑色路面，这在世界上尚无先例，也是中国公路史上规模最大的工程。1985年8月青藏公路全线黑色路面铺筑工程竣工，大大提高了运输效率，经济效益明显提高，每年可节约运输成本5000万元，行车密度明显增加，最大车流量每昼夜达

公路通车后藏族民众出行坐上了汽车

3000多辆，行车时速由每小时20公里提高到60公里。经过千万养路工人的精心维护，青藏公路现为国家二级公路干线，路基宽10米，坡度小于7%，最小半径125米，最大行车速度60公里/小时，沿线共修建涵洞474座、桥梁60多座。整个线路虽然海拔高，但起伏相对较小。

2006年7月1日，青藏铁路通车运营，而随后的2010年9月26日，青藏铁路首条延伸线——拉萨至日喀则段正式开工建设；2010年12月15日，墨脱公路嘎隆拉隧道贯通，结束了墨脱县作为全国唯一县不通公路的历史；拉萨至贡嘎机场高速公路2009年开工建设，2011年7月建成，结束了"西藏没有高速公路"的历史。

从中华人民共和国建立起，国家先后投资近百亿元巨额资金，为西藏修建公路。先后修建了青藏、川藏、新藏、滇藏、中尼公路以及区内干线和众多的县乡公路、边防公路。开发西藏，公路先行，

青藏线上奔驰的车队

青藏公路的建成，开创了西藏交通新纪元。西藏交通的每一次重大进步，都对西藏的社会发展、经济建设产生着巨大影响。而西藏社会、经济发展每进入一个新的阶段，又对交通提出更高的要求，这已被历史充分证明。在党中央的支持下，西藏的交通建设正在书写西藏发展史上的新篇章。

青藏公路建成通车促进了西藏经济飞速前进。

20世纪50年代，青藏公路作为运送进藏物资的第一运输线，需要大批运输车辆、驾驶人员和修理工，为驻藏部队和西藏群众运送物资和生活用品，为西藏建设运送机器设备。1955年6月至10月，中央军委直拨的200辆抗美援朝回国汽车，移交青海地方。同时上海、天津、四川等地支援青海的275辆汽车同配属的1100名司机、修理工也按期到达青海。国家从进口车中拨出350辆苏联吉斯货车，连同从山东等13省送调的350名司机，组成西藏汽车大队，从青藏公路进驻拉萨。从朝鲜战场归国的解放军汽车部队某英雄团，装备民主德国进口的"依发"重型卡车，开赴青藏线，移驻西宁。

1957年4月，西藏急需的民用食物、百货、药品运量骤增，供不应求，青海省调集400辆汽车，连续行驶5个月，向西藏抢运物资6000吨。据统计，1955~1958年，仅青海地方车辆通过青藏公路运输入藏的物资运量，就达16.9万吨。运送物品种类从谷物、食品、棉布到茶叶、食糖、盐、服装鞋帽、瓷碗铝锅等等，数以千计。

运载食品、茶叶、药品等物资的卡车到达拉萨布达拉宫广场

1964年青藏公路通车十年，在这十年间，国家支援西藏的大量建设设备、生产工具和人民生活物资，85%是通过青藏公路运送到西藏的。根据1964年卞济时为"纪念青藏公路通车十年"所写

的纪念文章来看，仅 1964 年运进西藏的生产、生活用品和建设材料，就等于 1959 年的 20 倍；从内地运到西藏各地的农药、种畜等农牧业生产资料，相当于 1959 年的 5 倍，其中有 15 万件铁镐、铁锹等农具，供应当地农牧民使用。

藏族牧民喜迎青藏公路上开来的汽车

在青藏公路线上 10 万平方公里的藏北草原，每天都有排队的汽车，满载内地生产的日用百货、布匹和铁犁等生产工具，送到西藏各地。1964 年 8 月，拉萨举办了一次物资交流会，广大农牧民从日喀则、山南、那曲等地赶来参加。12 天当中，有 15 万人次交流了农牧业和工业产品，规模之大，是西藏历史上所没有的。在 5000 多种商品中，有 1000 多种工业品是从北京、上海、天津等地经过青藏公路运输来的。

到 1964 年，西藏汽车修配厂和水泥厂、皮革厂等工业企业已经建设起来，现代化的面粉厂也投入了生产。轻工业部赠送给"七一"铁木生产合作社的22部机器设备，也陆续运到了拉萨，手工业工人开始使用现代机器进行生产了。

随着青藏公路的通车，国家选派大批西藏青年到内地学习文化知识、专业技术，了解和学习党的民族政策，一大批优秀的民族干部成长起来。1964年，仅交通运输战线，就有5000多名藏族工人，包括汽车驾驶员、修理工和养路工，有些还担任了公路运输线上的技术员。拉萨汽车修配厂车工达哇，就是他们中的优秀代表，曾出席全国群英会。这些人成为新西藏建设的中坚力量，他们对促进西藏与祖国内地政治、经济、文化交流，增进西藏各族人民团结，起到了非常重要的作用。

正是慕生忠筑路团队顽强拼搏，苦干实干，架起了连接西藏与内地的生命天路，增强了民族和睦、携手建设的凝聚力；也正是慕生忠筑路团队顽强拼搏，苦干实干，以生命代价修筑的这条青藏公路，为实现西藏制度历史性跨越和西藏经济的快速发展创造了条件，而在慕生忠和筑路大军的背后，是新中国国家力量的支撑和保障，这充分体现了社会主义制度和道路自信。

第十一章　开路精神

举世闻名的青藏公路，是一条西藏解放之路、民族团结之路和文明发展之路。

青藏公路为共和国历史书写下了光辉的一页，雪域天路铸就了慕生忠团队坚忍实干、拼搏奉献、开拓奋斗的开路精神。

当年，开路精神对巩固国防，实现祖国统一，促进民族团结，推动西藏经济发展起到了重要作用；如今，开路精神对提升综合国力、构建社会主义和谐社会和建设富强民主文明和谐美丽的社会主义现代化强国都将提供有益的启示。

青藏公路像一座"金桥"，把拉萨与北京、把西藏与祖国内地紧紧联系在一起。青藏公路的修建，说明只有在中国共产党领导下，才能聚集起一支忠诚于党、听党指挥的筑路团队，才能有决心和能力，完成筑路的伟大工程，才能发扬不畏艰险、开拓奋进的实干精神，创造出勇闯生命禁区、让雪域天堑变通途的筑路奇迹。在筑路大军的背后，是新中国国家力量的支撑和保障。它证明了只有在以马克思主义理论为指导的中国共产党的领导下，实现社会主义制度，坚定走社会主义道路，才能实现祖国统一、民族团结和人民幸福。

青藏公路建成通车，留给后人的不仅是崎岖山间和雪域高原逶迤向前伸展的一条公路，更是一笔宝贵的精神财富。

2015年8月，习近平总书记在中央第六次西藏工作座谈会上提出："在高原上工作，最稀缺的是氧气，最宝贵的是精神。"确实，艰苦卓绝的环境，往往是培育和弘扬民族精神的最好课堂。"老西藏精神""青藏高原精神""两路精神"等这些在共和国历史上具有标志性意义的伟大精神符号都产生于青藏高原这片神奇的土地之上，而青藏公路开路精神就是构成这些精神的重要组成部分，得到了党和国家领导人多次高度评价和赞扬。1993年7月20日，江泽民主席视察青海省军区部队时，亲笔题词"继承老红军传统，弘扬青藏高原精神"。2005年12月14日，胡锦涛主席在接见驻青部队师以上干部时强调，要大力弘扬"特别能战斗、特别能吃苦、特别能奉献、特别能忍耐、特别能团结"的"五个特别"的"老西藏精神"。2014年8月6日，习近平总书记在川藏、青藏公路建成通车60周年重要批示中指出："60年来，在建设和养护公路的过程中，形成和发扬了一不怕苦、二不怕死，顽强拼搏、甘当路石，军民一家、民族团结的'两路'精神。"习近平总书记这一重要论述，准确地阐明了青藏公路开路精神的丰富内涵，有力地诠释了包括青藏公路筑路团队在内的一代又一代青藏公路交通运输人创建、守护、传承青藏公路开路精神的内涵特质和精神底蕴。"一不怕苦、二不怕死",展现了筑路团队对革命理想和事业无比忠诚、坚定的信念和不畏艰难险阻、不怕牺牲、苦干实干的革命英雄主义气概;"顽强拼搏、甘当路石",体现了筑路团队勇往直前、坚韧不拔的可贵品质和忠诚履职、勇于担当、乐于奉献的强烈责任感和使命感;"军民一家、民族团结",展示了互帮互助、水乳交融的民族情谊和众志成城、团结互助的集体主义精神。

青藏公路筑路壮举,处处涌动着感天动地的精神力量。在筑路过程中铸就的青藏公路开路精神,不仅是全体筑路者实干奉献、勇往直前的精神支柱,也是整个筑路团队凝聚队伍、鼓舞士气的力量源泉。

一、忠于信念,执着坚忍的实干精神

中国共产党的领导与社会主义制度保证了天路的畅通。青藏公路的修筑和建成通车,是在党中央、毛主席的英明决策和周恩来、彭德怀、邓小平等领导人的关怀下,在解放军和各方面的大力支持下,由西藏运输总队组织实施,在慕生忠、任启明的指挥下,广大筑路队员不畏艰难、英勇奋战的辉煌成果。青藏公路建成通车,一方面体现了新中国社会主义制度的优越性,只有社会主义新中国,才能让天堑变通途,才能架起连接西藏与祖国内地的幸福天路;另一方面,千千万万个筑路队员用他们的青春和生命,为雪域天路铺就了一条社会变革和经济发展的康庄大道。他们都是平凡的人,但正是这些平凡的人创造出了不平凡的人间奇迹。

作为筑路总指挥的慕生忠，是一位优秀的共产党员，在他身上真正体现了共产党员的本质特征。他一心为了党和国家的利益，一心为了广大的西藏人民，不仅从进藏的艰辛与巨大的牺牲中激发出修筑进藏公路的决心，而且坚守信念，不畏艰险，苦干实干，与筑路大军同吃同住，以实干行动做表率，创造了人间奇迹。他既是党的命令的忠实执行者，又是身先士卒的实干家。这种忠诚于党、忠于信念、执着坚忍的实干精神，谱写了一曲高昂向上的凯歌，鼓舞着所有筑路人。

正是这种执着坚忍的品格和实干精神，支撑着筑路团队战胜严寒、克服缺氧，上昆仑、闯禁区，用青春和生命谱写了一个个动人的故事。一个个普通的队员、一个个青春勇士，没有豪言壮语，仅凭着一双双粗大有力的手、凭着一身的气力，苦干实干，换来了天堑变通途的人间奇迹。

忠诚于党、忠于信念、坚忍实干是青藏公路开路精神的灵魂和精髓，也是爱国主义的表现。

二、顽强拼搏，甘当路石的奉献精神

无私奉献是社会成员把国家和人民利益放在首位，全心全意为满足国家和人民需要而贡献自己力量的一种精神。青藏公路是世界上海拔最高、线路最长的高原公路，也是条件最艰苦、自然环境最恶劣的线路之一。青藏公路建设所经路段平均海拔在4500米，高寒缺氧，地形和地质结构复杂，需穿越长年冻土区528.5公里，戈壁、沙漠、盐湖、沼泽、雪山、草地的线路占90%以上。筑路队员使用的工具极为简陋，只有铁锤、钢钎、铁镐和铁锹，如此修筑"天路"的条件，实属罕见。

慕生忠和他领导的筑路团队最终却用短短的 7 个月零 4 天时间就修通了青海格尔木至西藏拉萨 1200 多公里的公路，创造出非凡的人间奇迹。正是在敢于拼搏、勇于奉献精神的激励下，筑路大军以苦为荣、以苦为乐，发出"让高山低头，叫河水让路"的大无畏壮语，凭借着钢铁般的意志和坚韧不拔的毅力，逢山开路、遇水架桥，用手中简陋的工具，一次次向生理和心理极限发起冲击，最终战胜各种难以想象的困难，铲平一座座难关险道，变天堑为通途。可以说，正因为有了精神力量的激励，青藏公路筑路队伍中才涌现出一大批勇于担当、甘于坚守的建设者。

顽强拼搏，甘当路石，不计个人得失，不讲任何条件，只为一个朴素而坚定的信念——"为祖国干一件好事"。负重劳动、超常付出，甚至透支生命，从不讲索取，只为奉献。多少个像小韩一样的普通队员，没有人知道他们的名字，但他们把自己最美好的青春年华、最宝贵的健康甚至生命都奉献在了这条路上。他们为了党和人民的利益，不畏艰苦、不惜生命、自觉奉献，以超常忍耐和顽强拼搏精神，以自身的实际行动诠释了青藏公路开路精神无私奉献的本质和内涵。

无私奉献也体现了一种乐观精神。乐观可以使人获得更多的积极情绪，使人无所畏惧。怀有乐观精神的人，面对困难，总是心怀一份镇定和从容。他们不畏惧失败，不畏惧挫折，他们坚信，胜利一定会属于自己。慕生忠筑路团队，就是满怀着这样一种乐观主义的心态面对筑路过程中遇到的重重艰险，战胜一道又一道难关，"爱己沟""开心岭"……正是这种无所畏惧的乐观主义精神,让他们团结一致,勇往直前。

正是在甘当路石的奉献精神引领下,一代又一代青藏线上的养路人扎根雪域高原,守护着"天路"的畅通。筑路难,养护"天路"更不易。在公路的改造、整治和养护过程中,青藏公路交通人发扬开路精神,以路为家,舍弃常人所拥有的、放弃常人所享受的,克服困难,履行职责,以"人在路上,路在心上"的高度责任感、使命感,守护着这条生命运输线。

三、一不怕苦,二不怕死的奋斗精神

艰苦奋斗是一种不怕艰难困苦,奋发图强,艰苦创业,为国家和人民的利益乐于奉献的英勇顽强的斗争精神。艰苦奋斗精神是中华传统美德,是中华民族精神的重要内容。伟大事业的成功根源于坚韧不拔地努力工作。要不断追求进步、不断提高生活质量,就必须艰苦奋斗;要实现全面建成小康社会的奋斗目标,把我国建设成为富强民主文明和谐美丽的社会主义现代化国家,同样必须保持艰苦奋斗的作风。艰苦奋斗突出表现为艰苦创业精神。艰苦创业精神,是成就事业必不可少的精神力量。青藏公路开路精神正是一不怕苦、二不怕死奋斗精神的体现。

青藏高原环境恶劣,每年有4至6个月以上时间日平均气温低于零摄氏度,大部分地区长冬无夏,早晚温差大。青藏公路沿线高寒缺氧,人烟稀少,气压低,风沙大,日光辐射强,生存环境极差。当地民谚云:"到了昆仑山,如到鬼门关;到了西大滩,两眼泪不干;

到了五道梁,哭爹又喊娘;到了唐古拉,死神把手抓。"在如此严酷的自然条件下修筑公路,千言万语归结起来就是一个"苦"字,但是,越是困难的时候,越需要精神力量的支撑,越需要有一种不怕苦不怕死的精神。慕生忠筑路团队建设青藏公路的过程,就是一段不断克服困难、艰苦创业的奋斗历程。无论是领导干部还是普通筑路队员,在他们身上体现出了艰苦奋斗的精神风貌。无论是风餐露宿,还是爬冰卧雪,筑路队员都以极大的毅力和忍耐经受住了恶劣环境和艰苦生活条件的严峻考验,他们做到了苦中见精神,苦中干事业,苦中有作为,创下了艰苦奋斗的光辉业绩。

"为有牺牲多壮志,敢教日月换新天。"青藏公路开路精神,是共产党人崇高品质与西藏特殊实际相结合的丰硕成果,是中华民族自强不息民族品格的生动体现。

四、开路精神的当代价值

慕生忠筑路团队在雪域高原用热血和生命铸就的开路精神彰显了中华民族在中国共产党领导下,在社会主义制度保障下艰苦奋斗,实干奉献,修筑青藏公路并创造"生命禁区人间奇迹"的民族骨气和顽强意志,它是几千年中华民族"爱国主义""无私奉献""勇毅力行"传统文化元素的集中体现。青藏公路建设中铸就的开路精神对巩固国防,实现祖国统一,促进民族团结,推动西藏经济发展起到了重要作用,如今,开路精神启示我们:国家的强大、民族的振兴,必须保障国防安全和边疆稳定;要实现社会和谐,必须坚持民族团结,这是社会稳定、经济发展的关键;各项事业的发展,必须发扬实干拼搏、团结协作精神，这是事业成功的保证。

当代社会更需要开路精神！

开路精神是四个自信的具体体现。2016年7月1日，习近平总书记在庆祝中国共产党成立95周年大会上强调："坚持不忘初心、继续前进，就是要坚持中国特色社会主义道路自信、理论自信、制度自信、文化自信，坚持党的基本路线不动摇，不断把中国特色社会主义伟大事业推向前进。"不忘初心，继续前进，就是要坚定"四个自信"。"四个自信"来源于中国革命、建设和改革的伟大实践，来源于人民群众的伟大创造。开路精神就是在以中国共产党领导的、以马克思主义理论为指导的社会主义国家力量支持下的青藏公路建设的伟大实践中铸就的，是"四个自信"的体现，开路精神展示的爱国情怀、集体主义情感以及实干奉献、毅勇顽强的气质，都体现了中华传统文化的自信。青藏公路建设的实践证明，中国特色社会主义制度具有无比的优越性，它"有利于保持党和国家活力，调动广大人民群众和社会各方面的积极性、主动性、创造性，有利于解放和发展社会生产力、推动经济社会全面发展，有利于维护和促进社会公平正义、实现全体人民共同富裕，有利于集中力量办大事、有效应对前进道路上的各种风险挑战，有利于维护民族团结、社会稳定、国家统一"。开路精神中蕴含的文化自信，也是社会主义核心价值观的体现，它根植于中华优秀传统文化和社会主义先进文化的土壤中，成为推进各项事业发展的精神动力。

社会和谐稳定需要开路精神的引领。国家的富强、社会的稳定，需要全民族的奋斗与努力。爱国主义是生生不息的生命源泉，民族团结是战无不胜的力量保障。新时代弘扬开路精神，发扬民族团结传统，将对各项事业发挥积极作用。纵观历史，在民族危难时刻，中华民族紧紧团结在一起，战胜了一个又一个困难。汶川地震、玉树地震、抗击疫情……在巨大灾难面前，中华民族万众一心，互助友爱，不屈不挠，共克时艰。在突如其来的大灾难面前，人民没有被吓倒，56个民族秉持着爱国之心、兄弟之情，众志成城，顽强拼搏，谱写了民族团结的新时代赞歌，这何尝不是开路精神在新时代的发扬光大。正是由于这种精神的引领，我们的人民才更加团结，我们的社会才更加坚强稳定，我们的国家才更加和谐进步。

　　社会繁荣发展需要开路精神的支撑。一个民族是要有精神的。中华民族之所以历经千年而不衰，新时代又焕发出勃勃生机，靠的就是百折不挠、顽强拼搏的中华民族精神。在这种精神鼓舞和支撑下，中华民族的进步、国家的富强，又是靠广大人民的双手实干出来的。青藏公路建设就是当年在技术落后、物质匮乏、环境恶劣的条件下，建设者饿着肚子，冒着严寒，硬是抵抗住了艰苦的生存与生活环境，克服了高寒缺氧的施工困难，靠着双手干出来的，靠着无私的奉献奋斗出来的。仅仅七个月零四天，穿越无人区，征服昆仑山，建成青藏公路，创造了令世人瞩目的奇迹。

　　筑路时代虽已过去，但开路精神永存，并不断为社会主义建设注入新的动力。我们要接过历史的接力棒，不忘初心、牢记使命，让开路精神不断传承、延续，让开路精神成为各族人民在现代化建设道路上奋勇开拓的精神动力。

参考文献

一、图书文献

[1] 中共甘肃省委党史研究室编.慕生忠纪念文集［M］.北京：中共党史出版社，2016.

[2] 王戈.通向世界屋脊之路［M］.北京：解放军出版社，2013.

[3] 张学亮编.雪域通途——青藏公路建成通车［M］.长春：吉林出版集团有限责任公司，2010.

[4] 青藏公路五十年编撰委员会编.青藏公路五十年［M］.西宁：青海人民出版社，2008.

[5] 王宗仁.青藏线［M］.北京：解放军文艺出版社，2011.

[6] 蔡文青.喜马拉雅风云［M］.北京：华文出版社，2012.

[7] 西藏自治区公路交通史志编写委员会编.西藏公路交通史［M］.北京：人民交通出版社，1999.

[8] 西藏自治区地方志编撰委员会编.西藏自治区志·公路交通志［M］.北京：中国藏学出版社，2007.

[9]青海省地方志编纂委员会编.青海省志·公路交通志[M].合肥：黄山书社，1996.

[10]孙学明，邵兰生，杨志军.《喜马拉雅之谜——二十世纪人类的一次悲怆挺进[M].北京：人民文学出版社，1989.

[11]赵信，乔军中主编.昆仑英豪[M].北京：解放军出版社，1988.

[12]纪念川藏青藏公路通车三十周年筹委会办公室文献组，西藏自治区交通厅文献组编.纪念川藏青藏公路通车三十周年文献集第1卷文献篇[M].拉萨：西藏人民出版社，1984.

[13]纪念川藏青藏公路通车三十周年筹委会办公室文献组，西藏自治区交通厅文献组编.纪念川藏青藏公路通车三十周年文献集第2卷筑路篇上[M].拉萨：西藏人民出版社，1984.

[14]纪念川藏青藏公路通车三十周年筹委会办公室文献组，西藏自治区交通厅文献组编.纪念川藏青藏公路通车三十周年文献集第2卷筑路篇下[M].拉萨：西藏人民出版社，1984.

[15]纪念川藏青藏公路通车三十周年筹委会办公室文献组，西藏自治区交通厅文献组编.纪念川藏青藏公路通车三十周年文献集第3卷英烈篇[M].拉萨：西藏人民出版社，1984.

[16]刘五.进军世界屋脊——修筑青藏公路散记[M].上海：新文艺出版社，1957.

[17]彭逢烨编.康藏公路和青藏公路[M].北京：通俗读物出版社，1955.

[18]杨志军.生命行迹[M].武汉：长江文艺出版社，2013.

[19]傅青元，朱世奎主编.青海掠影[M].北京：人民日报出版社，1990.

[20]中国人民政治协商会议青海省委员会文史资料研究委员会编.青海文史资料选辑·十至十二辑合订本[M].1984.

[21]中国人民政治协商会议银川市委员会文史和学习委员会编.银川文史资料(第十六辑)[M].2007.

[22]交通运输部政策研究室编.弘扬"两路"精神共筑幸福大道——川藏青藏公路建成通车60周年宣传报道集锦[M].北京:人民交通出版社股份有限公司,2014.

[23]跨越"世界屋脊"的康藏、青藏公路[M].北京:人民交通出版社,1995.

[24]范明口述,中共陕西省委党史研究室整理.范明回忆录(1914—1950)[M].西安:陕西人民出版社,2009.

[25]周乐华,周江涛编著.格尔木开发史[M].西宁:青海人民出版社,2005.

[26]格尔木西藏基地编写组编.格尔木西藏基地[M].拉萨:西藏人民出版社,1993.

[27]格尔木城市手册[M].西宁:青海人民出版社,2015.

[28]政协格尔木市委员会,文史资料委员会编.格尔木文史资料第一辑[M].1995.

[29]政协格尔木市委员会,文史资料委员会编.格尔木文史资料第二辑[M].2004.

[30]芦苇兴主编.格尔木文史(第五辑—第十辑)[M].西宁:青海人民出版社,2014.

[31]刘延军.昆仑魂——历史文化长河中的格尔木[M].西宁:青海人民出版社,2012.

[32]王宗仁.苍茫青藏[M].北京:解放军出版社,2001.

［33］李若冰．柴达木手记［M］．北京：人民文学出版社，1981．

［34］青海省海西公路总段编．追忆激情岁月，弘扬两路精神·回忆录［M］．2016．

［35］张荣大．天路　天路　天路［M］．拉萨：西藏人民出版社，2015．

［36］胡玥．昆仑魂：国魂　军魂　英魂［M］．北京：民族出版社，2016．

［37］西藏军区政治部编．世界屋脊风云录（二）［M］．北京：解放军文艺出版社，1991．

［38］师博主编．西藏风雨纪实［M］．北京：中国华侨出版社，1993．

［39］晓浩．穿越第三极：川藏青藏公路通车五十周年纪实［M］．北京：中国藏学出版社，2004．

［40］沈知源，张四望主编．走进青藏线——中央电视台报道青藏兵站部专题选（解说词）［M］．北京：解放军出版社，2005．

［41］解放西藏史编委会．解放西藏史［M］．北京：中共党史出版社，2008．

［42］政协海西蒙古族藏族自治州委员会文史资料及法制委员会编．海西文史资料第二辑［M］．1989．

［43］政协海西蒙古族藏族自治州委员会文史资料及法制委员会编．海西文史资料第四辑［M］．1992．

［44］政协海西蒙古族藏族自治州委员会文史资料及法制委员会编．海西文史资料第八辑［M］．1995．

［45］政协海西蒙古族藏族自治州委员会文史资料及法制委员会编．海西文史资料第十一辑［M］．1998．

［46］政协海西蒙古族藏族自治州委员会文史资料及法制委员会

编.海西文史资料第十三辑［M］.2002.

［47］政协海西蒙古族藏族自治州委员会文史资料及法制委员会编.海西文史资料第十四辑［M］.2004.

二、报刊文献

［1］何立波."青藏公路之父"慕生忠将军［J］.党史纵览,2007（1）.

［2］赵仕枢,李敏杰."青藏公路之父"慕生忠将军［J］.文史精华,2006（3）.

［3］赵仕枢.慕生忠生死青藏公路［J］.钟山风雨,2005（5）.

［4］赵志研."青藏公路之父"慕生忠筑天路［J］.福建党史月刊,2014（17）.

［5］林家品."世界屋脊"上的筑路传奇［J］.文史春秋,2001年（3）.

［6］西藏自治区党委党史研究室.高路入云端,雪域铸军魂——纪念慕生忠将军［J］.新西藏,2015（9）.

［7］张国藩,胡俊璐.化作昆仑一抔泥——慕生忠将军诞辰95周年纪念［J］.档案,2015（9）.

［8］苗木.开拓者的生命主题——慕生忠将军访问记［J］.中国公路,1994（1）.

［9］邹蓝.慕生忠将军与青藏公路［J］.中国民族,1997（9）.

［10］张纪元.慕生忠将军与香日德［J］.柴达木开发研究,2014（6）.

［11］窦孝鹏.青藏公路的开拓者慕生忠将军［J］.湘潮（上半月）,2013（9）.

［12］窦孝鹏.青藏公路之父慕生忠将军（一）［J］.柴达木开发研究,2003（5）.

[13] 窦孝鹏.青藏公路之父慕生忠将军（二）[J].柴达木开发研究，2003（6）.

[14] 窦孝鹏.1天、13天和120天[J].中国监察，2009（16）.

[15] 窦孝鹏.世界屋脊有一群军人[J].炎黄春秋，1993（5）.

[16] 窦孝鹏.青藏公路与慕生忠将军[J].神剑，2005（3）.

[17] 高平.世界屋脊对公路的最初呼唤[J].丝绸之路，2001（1）.

[18] 刘潇.世界屋脊之路[J].北京文学（精彩阅读），2015（12）.

[19] 樊厚东，何勇民.天路脊梁[J].党的生活（青海），2009（9）.

[20] 陈玮.青藏公路与西藏社会经济之发展[J].西藏研究，1991（2）.

[21] 冯岗.略论青藏公路与西藏社会经济发展关系[J].赤峰学院学报（自然科学版），2016（7）.

[22] 刘恒祥口述，江维祝整理.回忆修筑青藏公路的艰苦岁月[J].西藏研究，1995（3）.

[23] 张明杰.将军楼[J].求是，2004年（13）.

[24] 王宗仁."青藏公路之父"慕生忠[J].建筑，2016（5）.

[25] 王宗仁.丰碑是这样铸就的——追思"青藏公路之父"慕生忠将军[J].党建，2011（6）.

[26] 王宗仁.将军和将军楼[J].柴达木开发研究，2003（3）.

[27] 王宗仁.将军脚下是世界屋脊（一）西藏驼路[J].柴达木开发研究，2007（6）.

[28] 王宗仁.将军脚下是世界屋脊（二）青藏第一桥[J].柴达木开发研究，2008（1）.

[29] 王宗仁.将军脚下是世界屋脊（三）雪山断粮[J].柴达木开发研究，2008（2）.

[30]王宗仁.昆仑桥上的马灯[J].中国公路,2016(15).

[31]王宗仁.青藏公路第一桥[J].中国监察,2009(4).

[32]王宗仁.驼路开出不败的花[J].柴达木开发研究,2004(5).

[33]王宗仁.西藏驼路[J].中国监察,2008(7).

[34]王宗仁.望柳庄上篇[J].柴达木开发研究,2015(1).

[35]王宗仁.望柳庄下篇[J].柴达木开发研究,2015(2).

[36]王宗仁.消失了的望柳庄[J].柴达木开发研究,2003(1).

[37]王宗仁.仰望昆仑[J].柴达木开发研究,2009(2).

[38]王宗仁.一支部队与一座城市、一条公路[J].柴达木开发研究,2002(3).

[39]王宗仁.激情燃烧唐古拉[J].中国监察,2008(8).

[40]王宗仁.墓柳[N].人民日报(海外版),2012-2-21(7).

[41]邹蓝.慕生忠——筑在世界屋脊上的丰碑[J].炎黄春秋,1996(9).

[42]范凡.彭德怀关心青藏公路建设[J].湘潮,2012(4).

[43]何立波.主政大西北时期的彭德怀[J].党史博采,2008(10).

[44]李敏杰.范明率部进藏始末[J].钟山风雨,2004(6).

[45]汤予儒.我国三次大规模的驮队运输[J].中国公路,1995(7).

[46]马连义.青藏公路勘探纪实[J].文史精华,1996(11).

[47]林家品,白杉.青藏公路鲜为人知的故事[J].四川统一战线,2001(2).

[48]张阳明.将军与青藏铁路——追忆慕生忠少将的故事[J].铁道知识,2009(4).

[49]慕翠峰,陈邦贤.影像钩沉[J].中国公路,2015(13).

[50]程日夫.为了支撑西藏危局——青藏公路初创时[J].报告文

学，2001（10）．

[51] 王安．昆仑魂[J]．十月，1984（5）．；公路，1985（1-9）．

[52] 卞奎．慕生忠——新中国的筑路将军[J]．春秋，2017（2）．

[53] 杨旭民．青藏公路之父——慕生忠[J]．新西部，2008（7）．

[54] 慕生忠——青藏铁路第一人[J]．神州，2006（6）．

[55] 李燕燕．青藏线六十年——纪实[J]．神剑，2015（4）．

[56] 马丽华．一位回族老人的进藏经历[J]．朔方，2013（6-7）．

[57] 蔡崇达．马作良讲述：一个人的青藏公路史[J]．三联生活周刊，2006（13）．

[58] 完颜玺．将军与孤儿[J]．阳关，2006（1）．

[59] 两条跨越"世界屋脊"的公路[J]．江苏教育，1955（2）．

[60] 路生．一位将军，一条路，一座城[J]．丝绸之路，2006（2）．

[61] 梅尔．雁石坪下有韩滩[J]．青海湖，2015（10）．

[62] 边吉．西藏：路的故事——西藏公路修筑史话[J]．中国西藏（中文版），2004（6）．

[63] 边吉．西藏：路的故事——西藏公路修筑史话（续一）[J]．中国西藏（中文版），2005（1）．

[64] 边吉．西藏：路的故事——西藏公路修筑史话（续二）[J]．中国西藏（中文版），2005（2）．

[65] 边吉．西藏：路的故事——西藏公路修筑史话（续三）[J]．中国西藏（中文版），2005（3）．

[66] 朱海燕，香港凤凰卫视．走进青藏走进凤凰——就青藏铁路问题答香港凤凰卫视记者问[N]．中国铁道建筑报，2006-7-13（1）．

[67] 梁小琴，王梦敏．贾兴义 青藏路上的筑路先锋[N]．人民日报，2011-6-16（6）．

[68] 王梦敏.耳边响起驼铃声——十八军西北独立支队西藏运输总队干部贾兴义忆青藏线艰苦岁月[N].西藏日报（汉），2011-5-27（4）.

[69] 乔仓玉.参加进藏运输总队及青藏筑路工程回忆[J].中国西藏（中文版），2005（1）.

[70] 青藏公路修路史——从绝境到通途[N].西藏商报，2014-7-17（3-4）.

[71] 何立波.将军楼与青藏公路之父慕生忠[J].养护与管理，2014（12）.

[72] 李敏杰，李宣辰.彭德怀心系青藏公路[J].党史博览，2001（11）.

[73] 边兴邦.青藏公路上的安全卫生工作[J].劳动，1955（1）.

三、相关纪录片

[1]《天路将军慕生忠——革命篇》，榆林电视台《走出家乡的榆林人》特别节目。

[2]《天路将军慕生忠——筑路篇》，榆林电视台《走出家乡的榆林人》特别节目。

[3]《天路将军慕生忠——精神篇》，榆林电视台《走出家乡的榆林人》特别节目。

[4]《高路入云端》第一集《筑路高原》，中央电视台一套《中华民族》2017年2月20日。

[5]《雪域天路》第一集《艰难进藏》，湖北电视台《大揭秘》2016年10月31日。

[6]《问路世界屋脊》第一集，中央电视台一套《见证·亲历》2005

年5月23日。

［7］《问路世界屋脊》第二集《荒原震撼》，中央电视台一套《见证·亲历》2005年5月24日。

［8］中央电视台一套《夕阳红》2012年1月2日（后半部分内容为邓郁清回忆修筑青藏公路）。

［9］《报告文学〈青藏线〉讲述"青藏线之父"慕生忠修路的传奇故事》，中央电视台一套《读书》2011年9月15日。

［10］《印象中国 天路忠魂》第一集《兵车西进》，中央电视台三套《电视诗歌散文》2009年9月5日。

［11］《国家记忆：修筑青藏铁路 天路之梦》中央电视台四套中文国际频道，2020年9月。

四、相关影视作品

［1］《昆仑魂》（话剧）。

［2］《七个月零四天》（京剧）。

［3］《天路》（电视剧），总后电视艺术中心、中央电视台影视部，导演：王文杰。

［4］《雪域天路》（电视剧，2010），中共中央统战部、铁道部联合拍摄，杨韬执导。

［5］《天慕》（电影，2018），编剧：马维干，导演：王强。

后 记

筑路时代虽已过去，但开路精神永远长存。作为一名史学工作者，挖掘慕生忠将军及其团队进藏、筑路直至建成青藏公路的奋斗历史，讴歌慕生忠筑路团队不畏艰险、艰苦奋斗的开路精神，揭示国家力量和制度支撑在青藏公路建设中的保障作用，深感责任重大；作为一名高校教师，探究青藏公路开路历史，展示共和国建设成就，弘扬开路精神的当代价值，也是义不容辞的责任。

在该书写作前期准备时，与青海师范大学历史学院夏丽梅、李少波、李新文、纪宁、赵小花老师一行前往德令哈、格尔木调研，几位老师在资料搜集和整理方面做了大量工作。调研期间，在海西州委宣传部、海西公路总段、格尔木市委宣传部、格尔木日报社的大力支持下，成功召开了两次座谈会，格尔木电视台、格尔木市文化馆、《格尔木》杂志社、青藏公路分局的学者、主编、馆长、一线养路工人给予了很大的帮助。西藏驻格尔木办事处和格尔木将军公园工作人员提供了大量资料。期间，海西州政协文史法制委员会张珍连主任、格尔木市自由媒体人赵国良先生为我们提供了相关资料。在此，对所有给予我支持和帮助的单位、同仁，表示衷心的感谢！另外，还要特别感谢我的同学——海西州人大常委会代表选举工作委员会主任乜建亮做了大量协调和安排工作。

前人的学术成果是我写作的基础。期间专程拜访了王宗仁老师和杨志军老师，两位前辈给予了我很大启发和帮助。青海师范大学领导及相关部门对本书的写作与出版也给予了大力支持，再次表示深深的感谢！

在此也要感谢我的女儿，不仅给予我精神上的鼓励，也给了我很好的建议。同时作为母亲，因为要分出时间和精力专心写作，对女儿也有亏欠。感谢女儿的理解和支持！

本书在资料搜集上力求细致，但难免挂一漏万，特别是因为各种原因，档案资料的缺乏是个缺憾。尽管存在不足，但是我想强调这样一个愿望，如果能抛砖引玉，将青藏公路史研究推向一个更高的层面，将开路精神的当代价值传扬开来，也就是本书的意义和价值所在了。

2021 年 5 月
于青海师范大学田家炳书院